幼儿园"活教育"课程丛书　　总主编◎周

"活教育"中的乡土资源教育

主　编◎李桂芳

编　委

叶惠萍　欧阳宝仪　黄敏珍　黄飞燕

卢汝芳　陆文欣　骆晓青　陈小燕

復旦大學出版社

图书在版编目(CIP)数据

“活教育”中的乡土资源教育/李桂芳主编. —上海：复旦大学出版社，2020.12(2023.3 重印)
(幼儿园“活教育”课程丛书/周念丽总主编)
ISBN 978-7-309-15367-5

Ⅰ.①活… Ⅱ.①李… Ⅲ.①乡土教育-教学研究-学前教育 Ⅳ.①G612

中国版本图书馆 CIP 数据核字(2020)第 200554 号

“活教育”中的乡土资源教育
李桂芳 主编
责任编辑/赵连光

复旦大学出版社有限公司出版发行
上海市国权路 579 号 邮编：200433
网址：fupnet@fudanpress.com http://www.fudanpress.com
门市零售：86-21-65102580 团体订购：86-21-65104505
出版部电话：86-21-65642845
上海丽佳制版印刷有限公司

开本 787×1092 1/16 印张 11 字数 268 千
2020 年 12 月第 1 版
2023 年 3 月第 1 版第 2 次印刷

ISBN 978-7-309-15367-5/G·2172
定价：50.00 元

总主编的话

让陈鹤琴先生倡导的“活教育”活起来！这是一直萦绕在我心中的梦想！让这一梦想成为现实的路径之一，便是将这套“幼儿园‘活教育’课程丛书”付梓面世！

编撰这套丛书，是因为时代让我们吹响了践行“活教育”的集结号。

时代要求我们树立文化自信，因为这是一个国家的软实力，是一个国家的民族精神之体现。然环顾当今我国的学前教育，对西方教育理论没有经过细嚼慢咽就奉为圭臬；对外来的学前教育课程，不进行深入钻研学习就生吞活剥的情况并非少数。见此状况，心甚忧之。如何撷取西方的教育理念和课程之精髓为我所有，继而形成中国学前教育的文化特色，这乃时代给予我们的命题。为完成这一命题，我们当追寻具有中国文化特色的学前教育经典理论作为课程基石。

一、“活教育课程”的理论基础和体系

将“活教育”理论作为这套丛书的理论基础，是因为陈鹤琴先生给该理论赋予了学前教育之灵魂。

陈鹤琴先生是一个关注中国教育应该怎样适合中国现代社会、适合中国文化的学者（陈鹤琴长子陈一鸣语）。回溯历史，陈鹤琴先生虽然是从杜威的自然主义中汲取灵感，尽管沿袭了从夸美纽斯、卢梭、福禄贝尔一直到杜威的“儿童中心”论，但陈鹤琴先生所倡导的“活教育”，实乃取其精华、洋为中用之典范。

陈鹤琴先生以开放接纳的态度接受西方教育思想，强调进行中国化的实验与再创造，探索适合中国国情的幼儿教育理论与方法，与陶行知先生等人一起构建了“活教育”完整的理论体系，引导着近百年中国学前教育的发展。

“活教育”理论体系中包含了教育目的论、课程论和方法论。“活教育”的目的是“做人，做中国人，做现代中国人”；“活教育”的课程论是“大自然、大社会都是活教材”；“活教育”的方法论是“做中教，做中学，做中求进步”。其中，“教人做人”是“活教育”的核心内涵。

陈鹤琴先生从中国的实际出发，将学前教育的根本目的定义为“做人，做中国人，做现代中国人”！在此，“做人”是立足于中国传统文化之根基，要把儿童培养成一个具平等仁爱之心的大写之人；“做中国人”，乃赋予中华民族之精神，成为一个顶天立地的龙之传人；“做现代中国人”更是明确了作为一个现代中国人，当“具有健康之体魄、具创新之精神、有合作之态度、能为他人服务、有世界眼光”之基本条件。陈鹤琴先生的“活教育”理论历久弥新，为我们明确了实施中国学前教育根本目的之所在！

二、“活教育课程”的构建

本套丛书冠以“幼儿园‘活教育’课程”之名乃是指本丛书目前涵盖的书均是基于陈鹤琴先生的“活教育”理论，进行实践探索的方案活动。

“课程”(curriculum)一词源于拉丁语“跑步”之意，“currere”含“计划”的意思。据此，狭义的“课程”通常指根据一定的教育内容和学习支持的计划、时间安排，有一定的教育目的、教育内容关联的教学活动；广义的“课程”则指学习者的体验和教师的支持。本丛书是在广义的语境基础之上将幼儿园课程定义为“凡与幼儿有关联的一切人、事物，园内的一日活动、家庭中的亲子活动均为课程”。唯有此，才能与陈鹤琴先生的“大自然、大社会都是活教材”的课程论的范围相匹配。

“活教育”强调学前教育就是要扎根中国社会，关注生活，浸润优秀文化。本套丛书据此将对传统文化进行哲学思考的“致善之路”和对传统文化进行传播的最早文字载体“甲骨文”都作为幼儿园课程的重要内容。

构建课程时，我们根据陈鹤琴先生在其“活教育”体系中阐述的办好幼稚园的“15条主张”，特别注重以国情和地方特色为出发点，培养幼儿爱祖国爱家乡之情；我们将幼儿教育看成是幼儿园和家庭的共同责任，本系列丛书的每本书体例设计均为2/3的内容在幼儿园(或托育中心)内实施，1/3的内容由家长在家庭中通过亲子互动来实施。我们注重培养幼儿独立自主、有良好的生活和社会交往的好习惯；注重以游戏方式来进行各项活动，在实施活动过程中遵循了陈鹤琴先生曾倡导的“五指活动”理论，以教育部2012年颁发的《3—6岁儿童学习与发展指南》为依据，将五大领域有机地渗透到课程之中。

三、“活教育课程”的框架与内容

根据陈鹤琴先生的“活教育”理论中以“大自然、大社会为活教材”的课程论思想，本套丛书可分为“以大自然为主，兼顾社会领域”和“以大社会为主，兼顾自然领域”两大部分。

“以大自然为主，兼顾社会领域”包含了《“活教育”中的食育》《“活教育”中的托育》以及《“活教育”中的“三生”教育》三本书。

《“活教育”中的食育》一书作为践行陈鹤琴先生“活教育”思想的书，将以大自然为特色的食育与生命教育和感恩教育有机地结合，并通过幼儿园的一日活动和健康、社会、语言、科学及艺术领域的渗透，促进幼儿的生命健康。具体活动从认知、情感和行动三个层面，一日的四个活动和五大领域来进行。全书分为三章，分别为“渗透五大领域的食育”“二十四节气中的食育”和“舌尖上的中国之食育”。

《“活教育”中的托育》将陈鹤琴先生的“活教育”作为本书的理论基础，为在托幼机构接受全日制的19～24个月以及25～36个月儿童量身定做适应大自然、大社会的两大系列活动。在大自然系列中，关注儿童的亲近自然能力；在大社会系列中则更多地关注19～36个月儿童独立自主能力的培养。

《“活教育”中的“三生”教育》根据陈鹤琴先生的“活教育”理论思想，将大自然和大社会作为活教材，在真实和自然的环境里，培养幼儿热爱生命、学会生存、优质生活的能力，将幼儿的生命教育、生存教育和生活教育完全融为一体，为他们的人生发展奠定坚实基础。

“以大社会为主，兼顾自然领域”目前则包含了两大系列的四本书。

第一系列：了解中华核心价值和文化载体。

“善”乃中华民族所推崇的核心价值。“仁者爱人”“幼吾幼以及人之幼”以及“上善若水”等无不成为中华民族为人处世之道。《“活教育”中的致善教育》一书从“善”之文化价值出发，致力于为幼儿一生播下幸福的种子，让孩子在积极情绪体验中感知、发现自己，悦纳自己，形成积极的他人关系，尊重他人，敬畏自然，启迪智慧，让爱滋润孩子幼小的心灵，为孩子的幸福人生奠基。

甲骨文是起源于3000多年前的中国文字，源远流长，每一个汉字都是一幅画，每一个文字都是一个故事，每一个文字都是中国文化的渗透。《好玩的甲骨文》以让幼儿亲近、初识甲骨文入手，通过各种生动有趣的活动，激发幼儿对文字的兴趣，通过游戏活动，初步了解文字背后的文化内涵。

第二系列：熟悉所处地区和民族的人文价值。

《“活教育”中的山西文化之旅》以“大自然、大社会”为活教材，在客观分析山西地理位置和社会文化资源的基础上，选择山西文化中有传承价值的元素，结合不同年龄段幼儿学习与发展特点，进行了社会文化活动的实践研究。

《“活教育”中的民族文化教育》以歌唱、韵律、绘画、手工以及球类五大游戏为抓手，通过投射、跑跳钻爬等竞技类游戏，以浸润式食俗等民俗节日为契机，呈现了白族、彝族、傣族的特点，让幼儿更好地了解这三个民族的文化之内涵。

本套丛书的一个特点是活动目标设置不严格区分幼儿的年龄。理由之一是考虑到如果只以小、中、大班来区分的话，实际上一个班的大小月龄幼儿年龄相差可达11个月之久，过于严格区分年龄，反而会给不同月龄的儿童造成难度。理由之二乃是许多活动具有内在关联性和延续性，无法截然按年龄分开。

我们期待：本套丛书能成为将陈鹤琴先生的“活教育”立足国情放眼世界之情怀与实践现代学前教育连接起来之桥梁。我们更期待：本套丛书能在为学前教育同人们着力培养具有健康身心、充满好奇、勇于探索、富有服务精神、充满创造力等综合品质的“现代中国娃”之过程中起到抛砖引玉之效。

最后，特别感恩陈鹤琴先生的后人柯小卫老师和陈庆老师的真情支持，使我们对陈鹤琴先生的“活教育”理论有了深入的学习和领会。

非常感激复旦大学出版社副总编辑、学前教育分社社长张永彬教授的鼎力支持以及编辑赵连光老师的细致工作，使本套丛书得以付梓面世。

衷心感谢本套丛书的每个主编和参与编写的同人好友的全情投入，使“活教育”理论得以在中国学前教育领域付诸实践时有系统课程可资参考。

我们期待：全国学前教育界同人，特别是广大的一线工作者能给予我们鞭笞与指教！因为我们深深知道，这套丛书是摸爬滚打探索阶段之产物，疏漏不足之处请多指正！

周念丽

华东师范大学学前教育系教授

植根于中华文化沃土

——“幼儿园‘活教育’课程丛书”序

“热爱了解和研究儿童、教育他们使之胜过前人”是陈鹤琴先生的名言，这句话指明了我们幼儿教育工作者走近儿童、研究儿童的根本目的。**“幼儿园‘活教育’课程丛书”**就是在了解儿童和研究儿童的基础上形成的一套用于幼儿园实践的成果，其根本目的就是把幼儿培养成现代中国娃！

陈鹤琴先生(1892—1982)写过一段意味深长的文字：“幼稚儿童就是国家的幼苗，应当特别爱护，给他们适宜的教育，这也就是延续国家的命脉，培育民族新生命的唯一办法。”“我所要讲的‘爱国家’，是要爱我们国家五千年的光荣历史，爱我们国家的前途，爱我们国家的人民，从而担负起我们的历史任务，使我们的国家进步繁荣，日新月异，这种‘爱国家’是与爱国家的人民结合在一起的，是与真理紧握手的。”①

如何将“国家”“民族”意识输送到尚处于“萌芽”状态幼儿的心灵，同时又须尊重幼儿成长规律，避免人为“催熟”“失真”或“少年老成”“小成人”，对于教育家，尤其是幼儿教育家来说，不仅需要正确的科学观念（**包括儿童观、教育观**），还要具备艺术家般的智慧、方法、能力，可谓“润物细无声”与“潜移默化”。在陈鹤琴看来，由于幼儿所处不可能真空，而是由“人”与“物”组成的“社会”，因此“儿童期”(**亦称“幼稚期”**）有两方面意义：一是适应环境，发展能力；二是接收、传递、促进文化，其形式只能通过幼儿的活动以及“生活形态”得以实现。

美国进步主义教育家约翰·杜威写道：

我相信——

一切教育都是通过个人参与人类的社会意识而进行的。这

① 引自陈鹤琴：《活教育的目的论》，载《陈鹤琴全集》第五卷，陈秀云、陈一飞编，江苏教育出版社，2008年8月，第63页。

个过程几乎是在出生时就在无意识中开始了。它不断地发展个人的能力，熏染他的意识，形成他的习惯，锻炼他的思想，并激发他的感情和情绪。由于这种不知不觉的教育，个人便渐渐分享人类曾经积累下来的智慧和道德财富，他就成为一个固有文化资本的继承者。世界上最具形式的、最专门的教育确实是不能离开这个普遍的过程。教育只能按照某种特定的方向，把这个过程组织起来或者区分出来。①

日本教育家仓桥惣三(1882—1955)写道：

毫无疑义，没有教育目标的话，任何一种教育都是不可能存在的。然而，如果仅仅只考虑教育目标，也是不能进行教育的。如果使教育目标的特质相适应——唯有在此点上下功夫并以此为起点，才会产生出教育的实践。在这一过程中，是目标至上，将之强加于教育对象，还是以教育对象为本，让目标去适应教育对象？也就是说，是按目标的要求把对象套起来呢，还是向教育对象逐步地展现教育目标，这两种不同的态度产生了截然不同的教育。②

中国教育家陈鹤琴将"做人，做中国人，做现代中国人"与"社会性认知"作为"活教育"学说的重要内容。具体为以下两段论述：

不错，中国的教育应当和外国的教育有所畛畦，它自有它的特性。这"做人，做中国人，做现代中国人"就是中国教育的唯一特点，不苟同于其他各国的教育目的。③

大社会也是儿童的世界，家庭怎样组织的，乡镇怎样自治的，社会上的风俗习惯怎样形成的，国家怎样富强的，世界怎样进化的，这一切的社会实际问题，都是儿童的活教材。④

多年以前，我们曾经向教育专家请教过一个问题："中国化"与"科学化"之间到底是怎样的关系？当时提出这一问题的用意，其实是针对社会上许多人倡导"儿童读经""私塾""女学"等与"解放儿童"原则相悖的教育现象，有一位知名教育专家的回答使我们感到豁然开朗：先有"科学化"再是"中国化"。我们的理解是"科学化"是"中国化"的目标，"中国化"是"科学化"的基础与路径，二者相互依存，密切联系。然而在中国"新教育"进程中，"科学化"与"中国化"各自的内涵与作用，简括起来，"科学化"主要是指儿童在教育中的"主体地位"与"成长规律"，即"心理学"；而"中国化"更多是指教育目

---

① 引自[美]杜威：《我的教育信条》，载《杜威教育名篇》，赵祥麟、王承绪编译，教育科学出版社，2006年7月，第1页。

② 引自[日]仓桥物三：《幼儿园真谛》，李季湄译，华东师范大学出版社，2014年5月，第2页。

③ 引自陈鹤琴：《活教育要怎样实施的》，载《陈鹤琴全集》第四卷，陈秀云、陈一飞编，江苏教育出版社，2008年8月，第274页。

④ 引自陈鹤琴：《活教育的教学原则》，载《陈鹤琴全集》第五卷，陈秀云、陈一飞编，江苏教育出版社，2008年8月，第70页。

标与教育资源。与这一问题密切相关的另一个问题，即由成人预设的“教育目标”与“以儿童为中心”或“儿童自主”二者之间又是怎样的关系呢？如何才能做到陈鹤琴先生所提出的“以儿童为中心的教育”境界，即“注重儿童而兼顾社会”①，进而将“儿童需要”与“社会需要”二者予以协调、平衡，从而达到“儿童发展”与“社会进步”同步的目标？

近年来，我们欣然地看到在中国学前教育领域，涌现出一批钟情于陈鹤琴“活教育”学说的研究与实践的学前教育工作者。本丛书的作者们就是这批工作者中的一部分，他们愿意将教育理论与教学实际紧密联系，开发各类“生活化”课程与特色教学活动，将“活教育”精神与教学原则贯穿于丰富多彩的教学活动之中，植根于中华文化沃土，逐渐形成具有鲜明“中国化”“本土化”特征的幼儿园教学风格。这套丛书充分体现了对于陈鹤琴“活教育”学说的认同、理解，连同对于幼儿园课程、活动特点与“社会性”目标相互衔接、融合的教育家视角和观念。其内容涵盖人格、情感、社会性认知、智力开发、保健等幼儿教育亟待引起重视的方面；同时以“接地气”的方式，使教育经典理论转化为有效的教学行动，将各项教育目标融入幼儿园课程与教学活动之中，展现出幼儿教育“中国化”理论与实践特有的光彩。

记得陈鹤琴长子陈一鸣(1920—2014)向我们表达，陈鹤琴先生一生都致力于“中国化”幼教理论研究与教学实践，他与陶行知先生共同推动“生活教育”的发展。他的最大愿望就是将幼儿教育学说在更大范围普及，尤其在偏远地区乡村幼儿园推行。可以说，这套丛书的出版，使陈鹤琴“活教育”学说及教育思想、理论真正回到儿童、教师与家长中间，进而成为提高幼儿园教学素质的指南与教师进步的动力，从而实现陈鹤琴先生对“活教育”学说的期待，即“心理学具体化，教学法大众化”；同时，也是对中国老一辈教育家倡导“科学化”“中国化”“大众化”幼教发展理想与“做中学、做中教、做中求进步”研究作风的解读与实践。

2009年3月，陈一鸣、陈秀云、陈一飞三位老人以陈鹤琴子女名义对《国家中长期教育改革和发展规划纲要》提出建议，其中有一段文字发人深省：

事实证明，将学校各科教学活动更密切地与在教师指导下的、学生有计划的社会实践、科学实践、家教实践等调查研究和亲自体验结合起来，必将有助于学生人文精神和科学精神的建立和发扬；同时可以克服空洞说教、言行不一、知行矛盾的教学弊端。……②

---

① 参见陈鹤琴：《旧式教育与新式教育的分别》，载《陈鹤琴全集》第四卷，陈秀云、陈一飞编，江苏教育出版社，2008年8月，第42页。

② 引自陈一鸣、陈秀云、陈一飞：《对〈国家中长期教育改革和发展规划纲要〉的建议》，载《陈秀云教育文集》，陈秀云著，金城出版社，2012年6月，第181页。

时至今日，虽然三位老人都已离世，但是他们的嘱咐犹然在耳，我们作为陈鹤琴后代深深知道，陈鹤琴教育思想与“活教育”学说作为“中国化”现代教育理论与实践的成果与标志，其“生命力”属于中国幼教事业和广大一线幼儿园园长、教师和家长！

祝贺本套丛书出版问世！

柯小卫（陈鹤琴外孙）

北京市陈鹤琴教育思想研究会副理事长、中国陶行知研究会常务理事、中国作家协会会员

陈庆（陈鹤琴孙女）

上海市陈鹤琴教育思想研究会副秘书长

前言

《幼儿园教育指导纲要(试行)》(以下简称《纲要》)指出:"要从幼儿园的自身条件出发,充分利用自然环境和社区教育资源拓展幼儿生活和学习的空间。"《3—6岁儿童学习与发展指南》(以下简称《指南》)中指出:"支持幼儿在接触自然、生活事物和现象中,积累有益的直接经验和感性认识,与幼儿一起感受、发现和欣赏自然环境和人文景观中美的事物。"随着课改的逐步深入,幼儿园教育已不再是简单的教学活动,在幼儿园的发展过程中,每个幼儿园无论是在教学活动还是在环境创设上都应逐渐形成自己的特色,这就要求幼儿园充分开发利用周围一切可行的资源,为幼儿创造良好的条件。挖掘富有地方特色的乡土资源是开发园本课程的有效途径,同时也拓展了幼儿生活和学习的空间,使幼儿园教育教学活动进一步贴近社会现实、贴近生活、贴近大自然,使幼儿在受到情感陶冶的同时增强对社会与自然的感知与了解,学会热爱自然、保护自然,增强对家乡资源的认同感和自豪感。

为贯彻落实《纲要》和《指南》精神,我们编写了《"活教育"中的乡土资源教育》。本书包含四大部分——思之源、研之道、乐之行、获之思。"思之源"阐述课程的来源与发展历程;"研之道"阐述课程的框架、确立路径和实施手段;"乐之行"以主题系列活动方案呈现,包括自然资源和社会资源两大部分;"获之思"则阐明在课程开展中的收获与反思。"乐之行"是本书的核心内容,其中,自然资源包含自然素材、百花公园,社会资源包含名胜古迹、民间文化、从化美食。还设计14个系列方案——蔬菜、水果、根、农产品、荔枝、高山番薯、稻草公园、玫瑰园、广东温泉宾馆、西塘童话小镇、端午节、北回归线标志塔、过大年、从化古村。每个活动方案呈现多方面的内容,包括主题活动核心理念、来源与经验、目标建议、问题情境预设、活动开展建议以及活动的记录与支持等。

本书编写中，秉承我国老一辈儿童教育家陈鹤琴先生开创的“活教育”理论思想，力求体现《指南》的先进思想和先进理念。在华东师范大学周念丽教授的亲自指导下，我们从丰富的从化乡土资源入手，结合不同年龄段儿童学习与发展特点，以发展幼儿为宗旨进行编写，历经了理论学习、专家引领、实践研究、专业提升的过程。通过幼儿园17个班级、30名教师两轮的行动研究编写，可以说，本书是具有时代意义的幼儿园乡土资源教育实践教材。

本书在内容上贴近幼儿园乡土资源教育的需要，内容新，时代性强；形式上采用主题活动，满足幼儿的发展需要，架构新、实用性强，具有借鉴推广应用的价值。编写中将乡土资源合理、正确地运用到主题教育中，深入幼儿生活，采用多种教学方式对幼儿进行身心浸润式教育，真正让幼儿亲近乡土、感受乡土、体验乡土；突出幼儿园教育与家庭亲子活动相结合，在过程中培养幼儿自主实践、探究等学习品质，让爱家乡、爱祖国的美好情感沁入幼儿的心田，促进幼儿情感、价值观、文化素养、社会性等方面的发展，同时满足幼儿、教师、家长共同成长的实际需要。

本书由广州市从化区第二幼儿园主持编写，由李桂芳园长带领组建研发、编写团队。具体编写分工如下：第一章、第二章由李桂芳园长编写；第三章由李桂芳园长、叶惠萍副园长与各位老师共同完成；第四章由李桂芳、欧阳宝仪、陆文欣共同完成。在本书编写过程中得到了周念丽教授的细心指导，同时老师们也付出了艰苦努力，在撰写的过程中多次修改，不厌其烦，在此表示诚挚的谢意！

希望本书的出版，能够让更多的幼儿园看到乡土资源的价值，使乡土资源成为幼儿学习资源的财富。同时，欢迎大家提出宝贵意见和建议，以便不断修订完善！我们还会一如既往地深入研究乡土资源在幼儿园课程中的运用，让“活教育”思想中的乡土资源教育更加鲜活。

编写组

2020年7月

目录

第一章 思之源

第一节 课程源于生活

陈鹤琴先生指出："活教育的课程就是把大自然、大社会作为出发点，让学生直接对它们去学习。"其课程论是"大自然、大社会就是活教材"。具体来说，他主张从儿童生活出发；强调教育与自然、社会相联系；主张对课程进行调整，使各学科打成一片，贯通起来。他重视室外活动学习，着重于生活体验的获得，注重直接经验。

幼儿的学习是以直接经验为主导的，而经验来自生活，来自实际操作。幼儿教育的本质和意义就是让幼儿更好地与大自然、大社会和谐相处，更好地生活。广州市从化区第二幼儿园（以下简称"从化二幼"）将社会中认定有价值的自然资源和社会文化资源融入课程中，进而熏陶、感染幼儿，让幼儿在大自然、大社会中活学、活用，学会生活、学会学习、学会做人，以实现"做人、做中国人、做现代中国人"的育人目标。

第二节 课程源于乡土

陈鹤琴先生认为，对教材的理解应该是广义的。他指出：第一，凡是儿童能够学的东西就有可能作为幼儿园的教材；第二，凡教材须以儿童的经验为依据；第三，凡能使儿童适应社会的就可取为教材。他主张让孩子们从书本、室内呆板的活动，扩展到大自然、大社会中活的、真的事物。

从化二幼地处广东省广州市北部山区美丽的乡村——从化，这里山青水秀，素有“从来山水美，化作彩云飞”的雅称，以“山、水、花、果、林、泉”为特色，乡土气息浓厚。幼儿生活在美丽的乡村，与周围环境共生共长，感受着大自然的生态之美，从而形成特定的行为方式、思维习惯等。丰富的乡土资源可以成为孩子们学习的素材，幼儿在与周围自然环境接触的过程中，既通过切身的实践活动感受大自然的神奇，又激发了其探究事物的好奇心，使之性情得到陶冶。同时，通过直接感知不同时节自然变化的规律，幼儿也逐渐形成了一定的科学意识和美学素养。

从化乡土文化习俗颇具特色，如春节的“醒狮会”“鲤鱼灯会”，元宵节的“烧炮”等；地方文化节庆丰富多样、五彩缤纷，如“荔枝节”“美食节”“高山番薯节”等；乡村的名胜风景享誉世界，如“古村落”“北回归线标志塔”“温泉之都”等。丰富的乡土文化内涵凸显了浓郁的地方特色和生活气息，蕴含着无穷的教育资源。幼儿在与大自然和大社会接触的过程中，通过观察、实践、劳动、学习、生活，既增强了其动手操作能力，又提高了想象能力和思维能力。同时可以提高幼儿对乡土文化的认同和热爱，增强民族自信心，促进其社会化发展，培养具有乡土情怀的爱家爱国的新时代儿童。

第三节　课程发展的历程

从化二幼园本课程的开发以课题研究为契机，强调针对幼儿的学习特性，以幼儿直接经验的获取为主要目的。课程开发中，借助社会资源和自然资源，结合跨学科理论，以创新的方式设计和实施了乡土资源课程模式，经历了萌发期、发展期及成熟期的过程。通过多个课题的实践研究提炼，乡土资源教育和园本课程就慢慢形成起来了。

一、萌发期

幼儿教育的课程资源无处不在，对于从化的幼儿来说，乡土资源是重要的教材。关于乡土资源，从化二幼已完成广东省“十一五”课题“从来山水美，化作彩云飞——从化幼儿节日课程开发”以及广东省“十二五”课题“利用综合材料开展幼儿园美术实验主题活动”的研究，挖掘了从化地方绿色节日文化，开发了乡土的农、林、竹、木、叶、蔬果、沙、石等资源于美术活动中，在幼儿园课程的开发与运用中积淀了一定的基础。

二、发展期

基于前期在“节日课程”和“美术领域”的课题研究，从化二幼继续深入挖掘乡土资源在课程中的开发运用，并以主题综合活动的形式去设计、开展教学，并与幼儿园课程融合，渗透于五大领域中。经过长期的研究，完成了广东省“十三五”实验园项目“本土资源在园本课程中的开发与运用”以及广东省特色学校项目“农村本土资源在幼儿园课程中的实践研究”等课题。

首先，在筛选乡土资源过程中，从化二幼采用自下而上的方式收集、筛选。通过问卷调查、教师实地考察以及查阅资料等形式，广泛收集从化乡土资源。其次，对获取的材料进行遴选、梳理、分析，主要分为两大类：自然资源和社会资源。自然资源分为自然素材、百花公园等，社会资源分为从化美食、名胜古迹、民间文化等，我们将这些资源以实物、图片、书籍、电子文档、实践基地等形式组合成各个类别活动的资源包。接着，通过对乡土资源的收集分析，在乡土资源课程中生成若干主题。例如：自然素材有“家乡的蔬菜”“石头趣”“根的奥秘”；百花公园有“石门美，花海香”“天使樱花园”；从化美食有“家乡的腊味”“美味五道菜”；名胜古迹有“北回归线的秘密”“亲亲温泉”；民间文化有“好玩的鲤鱼灯”“从化古村”等。

三、成熟期

伴随陈鹤琴先生“活教育”思想的唤醒，从化二幼不断回顾与思考课题研究走过的成长足迹，寻找教育的根源，依托乡土丰富的自然资源以及社会资源，形成了《“活教育”中的乡土资源教育》一书。

乡土资源教育在开展过程中，教师们针对不同的学习内容采用了灵活多样的形式：一是将主题活动的相应内容恰当地渗透在一日生活的各环节；二是采用集体教学的形式发挥集体教育功能；三是开展了预设与生成相结合的区域活动；四是通过观察记录发现幼儿的兴趣点、困难点，并进行个别指导；五是积极做好家长资源的开发和利用，邀请其走进课堂参与教学活动；六是开展户外混龄自主游戏。

第二章　研之道

第一节　形成框架

乡土资源教育园本课程的内容分为自然资源与社会资源两个方面。在社会资源方面，园本课程以地方传统文化为依托，以传统假日、地方节庆、地区活动等为载体，以发掘社会文化所蕴涵的特定教育价值为内核，确立了“以情育人”为核心的主题式活动模式。它以《幼儿园教育指导纲要(试行)》的基本精神为依据，遵循现代先进教育理念，其目标注重幼儿社会性培养和发展幼儿综合能力，形成了主题活动课程框架，包括课程特色、课程目标、课程内容等。在自然资源方面，园本课程以自然环境为背景，通过科学有效的教学方法与教学手段，让幼儿以亲近自然、融入自然的方式实现教育目标，其重点在于实现幼儿与大自然的有效联结，从而促进幼儿身心健康发展。课程的实现途径是多样的，如家长通过带领幼儿进行类似爬山、采摘、种植、钓鱼、看小动物等亲近自然的活动，幼儿园通过自然环境创设、“亲近自然”活动等培养幼儿尊重自然、热爱自然的情感，让幼儿与大自然建立亲近、亲和的关系，产生良好的行为。

一、课程特点

(一) 自然性

自然性是指幼儿教育回归现实生活，让幼儿真正地亲近自己的生活，真正感受生命的脉动，从而自然成长。自然成长包括生活化的内容和自然化的教育手段。一方面是生活化的内容，社会资源和自然资源存在于人们的日常生活之中，开展乡土资源课程活动能够丰富和拓展幼儿的生活内容，帮助幼儿整理和梳理零散的生活经验；另一方面是自然化的教育手段，即遵循幼儿身心发展特点，随着一年四季的变化，通过动手操作、体验玩乐的方法，教师将知识、技能和品德还原于生活实践与探索过程，让幼儿在一个真实、感性和突出主体性的乡土资源环境中生活和学习。

(二) 主题性

在组织教育活动时,我们会根据幼儿的年龄特点和兴趣需求,遵循幼儿的认知发展规律,体现整合化、游戏化、趣味化。主题综合活动是一种建立在以幼儿发展为本的教育理念之上的一种课程模式。从化二幼确立了以主题活动的形式呈现,抓住乡土资源的核心经验,融合五大领域的内容并渗透在生活活动、体育活动、自主游戏活动和学习活动中,构建了整个乡土资源教育主题活动课程框架。

(三) 游戏性

游戏是幼儿的基本活动,也是一种重要的学习方式。游戏首先利用幼儿的自愿心理,行为的自觉性、主动性,使幼儿全身心地投入到目的性活动之中,从而促进幼儿全面、和谐、健康地发展。因此,我们在开展乡土资源课程活动时,注重突出"童趣",始终强调从幼儿的视角出发,围绕社会资源及其核心教育意义,设计出各领域的游戏、活动。通过游戏引导幼儿多感受、多参与、多创造,把活动当成是一种有趣的游戏,在游戏中激发幼儿对文化礼仪、社会交往和自然事物的兴趣。

(四) 实践性

陈鹤琴主张"做",突出幼儿在学习过程中亲身体验、动手操作,从而在"做"的活动中与环境材料直接接触,感知事物的特性,获得生活体验,学习经验、方法。在主题活动实施中,我们注重幼儿与材料的互动,让幼儿尽情地探索,启发他们用眼睛去看、用手去摸、用耳朵去听、用鼻子去嗅、用舌头去尝、用头脑去思考。如在"特色腊味"的活动中,幼儿参与了"腊味制作"的一系列活动,学会了分工合作,如清洗猪肉、切猪肉、腌猪肉,最后还自由结伴做腊肠,一人扶漏斗、一人拿筷子向肠里塞猪肉等,体现了积极主动的学习过程。

(五) 合作性

乡土资源的开发与运用需要社区的大力支持、家长的密切配合,才能取得有效成果。例如,太平镇的古村落、温泉镇的温泉、吕田镇的革命根据地等,都有着浓郁的地方性,需要与地方社区共同合作,进而充分挖掘乡土文化资源。同时,也要组织丰富多样的亲子活动,让家长共同参与乡土资源教育,既了解幼儿园的课程具体实施过程,又便于有针对性地进行配合。

二、 课程目标

从化二幼的教育理念是"乐爱",因此我们以"乐爱"教育文化引领课程改革,并总结梳理"四乐""四爱"教育目标。乡土资源教育也以培养"四乐"和"四爱"为目标,进而促进幼儿身心全面和谐发展。"四乐"即乐观健体、乐爱思辨、乐群合作、乐美创造;"四爱"即爱国明礼、爱人友善、爱家仁孝、爱己向上。在此基础上,我们结合乡土资源教育的课程理念,在活动目标预设上重点关注幼儿情感、态度、知识、技能等多元整体的发展,关注各领域之间的有机整合和渗透,形成"课程总目标-分领域目标-年龄段目标"三级目标体系。课程目标的设置,使得课程内容的选择更有方向。

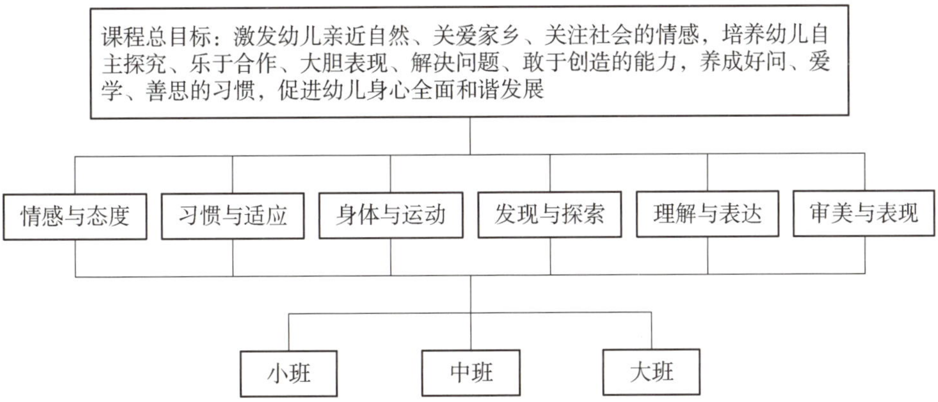

三级目标

三、课程内容

乡土资源分为社会资源与自然资源两类，其中自然资源可分为自然素材、百花公园等，社会资源可分为从化美食、名胜古迹、民间文化等。在课程内容上，首先在两大资源中生成若干主题，再把主题整理为所有课程的资源库，资源库包含每个主题活动的预设方案、地域资源、参观基地或幼儿园环境，以及自制材料和书籍或音像资源，供教师选择和投放相应的材料，为课程实施服务。

主题活动课程资源库汇总表

	分类		活动主题举例	资源库			
				地域资源	参观基地或幼儿园环境	自制材料	书籍或音象资源
乡土资源	自然资源	自然素材	家乡的蔬菜	如春天的苦笋、荠苗、豆类、苦麦，冬天的大芥菜等	幼儿园种植园	游戏街里的瓜果蔬菜：龙眼、荔枝、葡萄、豆角、茄子、丝瓜、大芥菜等	图书《从化名片》P151
			水果甜又多	春有杨梅、梅子、三华李、枇杷，夏有荔枝、龙眼、桃子、黄皮、莲雾，秋有柿子、百香果、火龙果，冬有柑、桔、番石榴、青枣等	鳌头镇仙居农庄、良口镇、温泉镇、江埔街、城郊街大丘园、农贸市场、清香农产品超市等	主题活动材料	中班自编歌曲《从化水果何家猜》，图书《从化名片》P56，图书《天医从化》P155—163
			石头趣	从化流溪彩蜡石、流溪河、鹅卵石	从化博物馆、从化温泉镇惠东村、良口镇达溪、幼儿园内园林建筑	美工室作品、主题活动材料	宣传手册《走进从化》P84—87
			荔枝树的根	植物的根和根雕			
			奇妙的叶子	各种树叶			

(续表)

分类		活动主题举例	资源库			
			地域资源	参观基地或幼儿园环境	自制材料	书籍或音象资源
乡土资源	百花公园	石门森林公园	天池花海、枫林红叶、禾雀花、天堂顶、大峡谷等	温泉镇、幼儿园百花园	主题活动材料	图书《从化名片》P43，图书《赞叹流溪，畅享从化》P22—23，宣传手册《走进从化》P33—36
		流溪河国家森林公园	彩弹野战、孔雀园、观鹿园、流溪香雪、三椏塘幽谷、小漓江、翡翠群岛、猴岛、夕照黄牛、抗日烈士纪念碑、人面怪石、流溪河大坝等	良口镇	主题活动材料	图书《从化名片》P39，图书《赞叹流溪，畅享从化》P20—21，宣传手册《走进从化》P27—32
		天适樱花园	中国红、广州樱、福禄寿、貂蝉、小乔等十余个品种的数万株樱花	城郊街西和村、幼儿园百花园	主题活动材料	图书《天医从化》P146—154
		宝趣玫瑰园	三百多个品种的玫瑰、七彩花田、油菜花、醉蝶花等	城郊街西和村、幼儿园百花园	主题活动材料	图书《从化名片》P62，图书《天医从化》P146—154
社会资源	名胜古迹	古村落之旅	钱岗、钟楼、木棉、大江埔、凤院等保留古朴民风、建筑风格、生活方式的自然村落	太平镇、城郊街、江埔街凤院村、温泉镇宣星谷村等	主题活动材料	图书《从化名片》P73—74，图书《温泉之都，生态从化》P24，图书《赞叹流溪，畅享从化》P26—27，图书《天医从化》P179—225，宣传手册《走进从化》P124—143
		温泉乐	瀑布、温泉水、天湖、天医处、疗养区（广东温泉宾馆、省干部疗养院、碧水湾等）	温泉镇、良口镇等	主题活动材料	图书《从化名片》P50—54、P100—115，图书《赞叹流溪，畅享从化》P12—19，宣传手册《走进从化》P88—105
		家乡的变化	街口城区高楼、公路、高架桥、车辆等	街口城区、温泉财富小镇、吕田连麻小镇	主题活动材料	图书《从化名片》P94，图书《天医从化》P15

（续表）

分类		活动主题举例	资源库			
			地域资源	参观基地或幼儿园环境	自制材料	书籍或音象资源
乡土资源	民间文化	好玩的鲤鱼灯	从化水族舞是从化温泉镇草塘社流传最广的民间舞蹈，每逢春节元宵，从化的父老乡亲便会举着用竹子编织成的鱼、虾、蟹等传统工艺品翩翩起舞，吸引不少人的围观	温泉镇龙桥村草堂社、幼儿园廊道	班级活动材料	大班韵律活动音频《醒狮乐》，图书《从化名片》P78，宣传手册《走进从化》P55—61
		有趣的编织	稻草编、麻绳编、彩灯竹编等	城郊街东风村殷家庄、从化区稻草节、幼儿园廊道	班级活动材料	图书《从化名片》P77，宣传手册《走进从化》P96
		地方节庆	荔枝节、番薯节、杨梅节、美食节、香雪节等节日	幼儿园蔬果园，从化区在7月、10月、12月举行的绿色节日活动	游戏街自制的节庆食品	宣传手册《走进从化》P49
		红色吕田	吕田镇的革命史迹、故事、人物等，在这革命老区，乡亲们经历了艰苦的抗日战争和解放战争，其艰苦创业、奋发图强、开拓创新的精神至今仍薪火相传，并上升成为一种经典传统文化	从化博物馆	户外混龄“野战园”游戏活动材料	文章《吕田革命老区的这些“红色”故事，你听过吗?》
	从化美食	家乡糕点	节庆糖环、油糍、粉果、咸肉、松糕和炒米饼等	幼儿园生活园	游戏街自制的从化糕点小食	文章《舌尖上的从化，从化美食。你食过几味?》
		美味五道菜	从化吕田炆大肉、泥焗走地鸡、酿豆腐、香叶乌鬃鹅、流溪大鱼头	幼儿园生活园	游戏街、班级自制材料	图书《从化名片》P132，图书《天医从化》P170—173，宣传手册《走进从化》P106—115
		特色腊味	吕田腊味：腊肉、腊肠、腊猪脚、腊鸭等	幼儿园生活园	主题活动材料	文章《金秋吕田腊味飘香!》

（续表）

	分类		活动主题举例	资源库			
				地域资源	参观基地或幼儿园环境	自制材料	书籍或音象资源
乡土资源			农产品大发现	高山番薯、白兔花生、上罗红柿、车头粉葛、城康红葱头、良口苦笋等	幼儿园蔬果园、鳌头镇、城郊镇、良口镇、江埔街锦二村	主题活动材料	图书《从化名片》P154，图书《温泉之都，生态从化》P59—69，宣传手册《走进从化》P80—83

第二节 确立路径

一、实施原则

在课程实施过程中，我们依据《3—6岁儿童学习与发展指南》的要求，以幼儿发展为本，综合考虑课程的本质、环境材料及方法手段等多方面因素，进行适宜的主题教学活动，从而促进幼儿身心全面和谐发展，并确立以下五个原则。

（一）科学性原则

科学性原则在幼儿园课程中是指应符合教育方针、符合《幼儿园教育指导纲要（试行）》（以下简称《纲要》）的精神，向幼儿传授的知识、技能应该是正确的、可靠的，是符合客观规律的；教学内容的安排、教学组织形式的选择和教学方法的运用也应符合幼儿的年龄特点和认识事物的规律，是切实可行的。

首先，开展乡土资源教育活动必须以一定的社会知识为基础。在选择活动内容时教师务必周密考虑，以保证内容的准确、真实、科学，否则活动便失去了教育价值。其次，开展乡土资源教育活动应该遵循幼儿的年龄特点、发展规律。小、中、大班幼儿具有不同的发展水平，因此在制定具体的教育方案时，要根据不同年龄段提出相应目标要求，考虑教育的层次性。

（二）时代性原则

陈鹤琴提出的“活教育”的教育目的是“做人、做中国人、做现代中国人”。“做人”是底线，是基本的德育要求。“做中国人”是要培养学生的爱国精神，以建设祖国为己任。“做现代中国人”要求学生视野要开阔，不能守旧，要有创新精神。时至今日，乡土资源教育所蕴含的爱国爱家精神是对传统美德的传承，也是对民族文化的弘扬。应从小塑造幼儿良好的品德，重视爱国主义教育，注重时代性和世界眼光的培养，这样才能培养出新时代的好儿童。

（三）情动性原则

情动性原则是指借助具体的情境和事物，使幼儿在参与、探索和交往中学习，获得知识技能，引发内在体验，激起情感共鸣。乡土资源教育让幼儿直接与大自然、大社会密切接触，走进生活、走进社会，与生活和社会场所紧密相联，可以萌发他们爱自己家乡、周围环境以及身边人的情感。

（四）整合性原则

整合性原则是指将各教育要素和成分进行有机的联系，既发挥各自的影响和作用，又相互协调产生整合功能，形成合理的因素组合体系，对幼儿产生全方位的整体影响。

幼儿的健康、和谐、全面发展是其可持续发展的坚实基础，幼儿身心发展的特点决定了幼儿园的课程应该是整合的课程，包括课程资源、家长资源、教师资源、幼儿发展目标及各类活动的整合。整合性原则要求乡土资源教育的内容应该是能使多个学科、多个发展领域之间相互渗透、相互联系、相互促进的，从不同的角度促进幼儿的全面发展。

（五）有效性原则

有效性原则是指在一定的活动中，创设适宜的环境、提供合适的材料，使教师与幼儿都能积极主动地进行教与学，让幼儿在此过程中得到更多、更有益的进步或发展。在乡土资源教育的活动中，从化二幼逐渐明晰了乡土资源转化成的学习内容、材料以及环境等，都应能满足幼儿发展的需要，要重点把握乡土资源附着的教育意义，抓住乡土资源的核心价值，以促进幼儿情感态度、认知和能力的全面发展。

二、实施途径

陶行知先生指出：“行是知之始，知是行之成。”他非常强调实践的作用。陈鹤琴先生的“活教育”思想的方法论强调“做”和实干精神，注重通过“做”感受不同活动的滋味，加强印象与记忆，发展思维等。乡土资源教育就是灵活运用“四个尽量”的方法组织主题教育活动：幼儿能动手操作的尽量让幼儿自己动手做一做；幼儿能观察的事物尽量让幼儿自己去观察；幼儿能自己表述的内容尽量让幼儿自己去表述；幼儿能自己探讨的尽量让幼儿自己通过归纳做出结论。为确保幼儿学习的主动性，主题活动开展的过程中，教师们针对不同的学习内容采用灵活多样的形式开展。

一是日常活动。一日生活活动包括入园、盥洗、吃、喝、散步、劳动等，不同主题课程整合渗透的方式不一样。如“家乡的蔬菜和水果”主题，在进餐环节的渗透是让幼儿三三两两讨论厨师送来的食物，品尝感知食物的美味，了解食物的营养价值以及荤素搭配；在散步环节渗透的是观察不同季节的蔬菜、水果；在劳动环节是种植和收摘一年四季的植物以及动手进行蔬菜的搭配和制作水果沙拉，在摸一摸、玩一玩、闻一闻、洗一洗、切一切等劳作活动中感知蔬果特性；在活动之间的过渡环节，可以融入与主题活动相关的儿歌、歌曲，朗朗上口的歌声让幼儿心情愉悦。

二是集体教学。当大部分幼儿有比较集中关注的问题或困惑时，当大部分幼儿的经验积累到一定程度需要梳理归纳、提升与交流分享时，教师则采用集体教学的形式，发挥集体教育功能，提高教育的效率。如在实施大班"石门公园的花海"主题活动的过程中，可以通过集体教学的形式让幼儿观察了解油菜花的外形、颜色、花瓣结构等主要特征，学习用线条和点彩法表现石门公园油菜花金灿灿的美景，有效发挥集体教学的功效。

三是区域活动。在乡土资源主题活动中，操作性、动态性、社会性、表演性较强的内容和具有探究性的内容，都是以区域活动的方式进行的。如在"石门公园"主题活动中，师幼开展了预设与生成相结合的区域活动：在美工区幼儿借助美丽的七彩花池、石门公园路线图、石门的枫叶等材料，进行自主创作，制作的作品可以放到语言区、表演区和建构区等；在表演区提供《逛石门公园》《山歌颂石门公园》等音乐资源让幼儿自主表演；在语言区则提供"石门公园知多少""我喜欢的石门一角"的图书活动资料，让幼儿自主分享；在建构区提供各种建构材料，幼儿自主搭建有关石门公园的景点，并自言自语地表现与表达。区域活动的开展，促进了幼儿个性的发展，丰富的区域活动材料满足了幼儿的探究学习需要。

四是个别指导。个别指导教学并不仅仅是教师个别地教，让学生个别地学，更重要的是对每位学生进行最适当的教学，设计满足每位学生要求的教学计划，采用适合每一个人特点的教学方法。如在"石门公园的花海"活动中，一名幼儿选择了牙刷和棉签喷刷画，并把牙刷毛向上，用棉签去刷毛导致喷得到处都是颜料，他马上放下了工具站在一旁观察其他幼儿的操作，发现别人和他的工具一样，只是效果不一样。他马上重新尝试，但结果照旧，这些都被老师看在眼里，于是建议他换一种工具，选择装有颜料的压力香水瓶进行喷画，最终成功了。牙刷和棉签的运用需要手、眼、脑的协调配合，教师在对手眼协调能力较弱的幼儿进行观察的基础上，对其进行了恰当的指导与帮助，最终使幼儿获得了成功的体验。

五是亲子活动。各班级在实施乡土资源主题课程中，也积极做好家长资源的开发和利用，邀请家长走进幼儿园的课堂，参与班级教学活动，和幼儿一起走进社区、进行主题探索活动。在活动中，教师还指引家长科学地观察、了解孩子现阶段的年龄特点与发展情况，制定家长开放日调查表，让家长有目的地、科学地观察与评价孩子。

六是户外混龄自主活动。户外混龄自主活动是实施主题活动的一种组织方式，并成为幼儿喜爱的一项活动。每星期开展两次，幼儿以"六自"方式参与到户外混龄自主活动中。"六自"方式即自主选择区域、自主选择游戏材料、自主选择同伴、自由想象创造活动、自主解决问题、自主分享与收拾。

三、实施手段

陈鹤琴先生主张：要在"做"中教与学，还要在"做"中争取进步。"活教育"中提出教学的过程可分为四个步骤：一是实验，二是参考，三是发表，四是检讨。根据"活教育"教学过程的步骤，结合乡土资源材料、环境场所的特点以及幼儿的学习特点，我们非常注重实践过程中的整合性、趣味性和游戏性，倡导教师以实践探索、真实体验、合作操作、游戏贯穿等方式开展主题活动，让幼儿在生活中学习，在游戏中学习，在操作中学习，在体验中积累，从而获得发展。从化二幼不断梳理主题活动的实施探究手段，总结归纳出五步法：参观感受、操作探索、实践体验、想象创造、表达表现。

一是参观感受。参观感受就是组织幼儿到现场参观，用眼看、用耳朵听，亲身感知现场的事物。鼓励家长利用节假日带孩子走向大自然，如"广裕祠一日游""快乐田心农庄游""美丽的广东温泉宾馆""流溪香雪游"等实地参观活动，会让幼儿身临其境，真实体验家乡的美景和古迹文化等，促进主题活动实施双向互动、双向配合。

二是操作探索。从化二幼在主题活动实施过程中，注重幼儿与材料的互动，让幼儿尽情探索，启发他们用眼睛去看、用手去摸、用耳朵去听、用鼻子去嗅、用舌头去尝、用头脑去思考。教师会赞赏幼儿的发现，给幼儿引导、支持与帮助，提高幼儿学习的专注性与持久性，提升活动的有效性和优质性。

三是实践体验。从化二幼的实施途径从幼儿的生活经验开始，把活动实施的途径贯穿于一日生活，从室内到室外、从园内到园外拓展幼儿活动的空间和时间。如参观种植，学习制作腊味、腌制干果，学习烹调、储存食物等。

四是想象创造。活动中会为幼儿创设丰富的游戏环境，为幼儿提供开放性的游戏材料，还会开展混龄自主游戏，让幼儿去自由选择、自由想象模仿，自我创造活动，不断探索、发现，从而使各方面的能力得到发展。

五是表达表现。活动中会放手让孩子走进自然和生活，让孩子成为活动的主人，尽情地自由活动。他们自主选择玩什么、到哪里玩、和谁玩，创造不同的玩法，自由、尽情地去表达和表现。活动中，会要求幼儿对当天玩的游戏、进的区域、自己的发现等都进行简单记录。教师会组织大家分享交流——今天玩了什么、有什么发现、和谁一起玩、帮助了谁、遇到了什么困难、如何解决的等，在记录、回忆、讲述的过程中，发展了幼儿勇于表达、充分表现的能力。

第三章　乐之行

第一节　自然资源部分

小班：我喜欢的蔬菜[①]

主题活动核心理念

《指南》在科学领域的目标建议中指出："幼儿喜欢接触大自然，对周围的很多事物和现象感兴趣，要充分尊重和保护幼儿的好奇心和学习兴趣。"从化二幼瓜果飘香，蔬菜种类丰富多样，幼儿每天都可以接触到，常常被蔬菜的颜色、形状、味道等吸引着。我们及时关注幼儿的言行表现与兴趣，并不断地启发、引导幼儿学会思考。希望幼儿在看看、闻闻、做做、尝尝等一系列的探究活动中，在真实体验、自主学习、快乐分享的活动中，充分感知、了解蔬菜的不同种类、颜色、形态、口味、营养价值等，获得不同程度的学习与发展。

来源与经验

一天，孩子们来到种植园，他们各自去观察，张钰翔首先发现了玉米，开心地说："这是玉米。"其他小朋友马上围了过来，叽叽喳喳地讲个不停。王庭晟挤进去摸了一下，问："玉米在

---

① 由黎玉善撰写。

哪里呢?”张钰翔说:“还没长出来。”接着听见孩子们不停地提出问题:“这是什么?”突然朱俊霆说:“这长得像小草的是葱,我吃过的。”王珺文说:“不对,不对,这是韭菜……”小朋友们兴致勃勃地在种植园观察着、讨论着。《纲要》中指出,教学活动内容要贴近幼儿的生活,选取幼儿感兴趣的事物和问题,有助于拓展幼儿的经验和视野。孩子们对蔬菜这个主题有着浓厚的兴趣,应在他们已有知识经验和技能的基础上,充分尊重和保护幼儿的好奇心与学习兴趣,支持幼儿的探究行为。

老师们基于幼儿的兴趣及蔬菜主题的价值,从幼儿的视角出发,共同商讨并设计了“我喜欢的蔬菜”这一主题开展的实施路径。

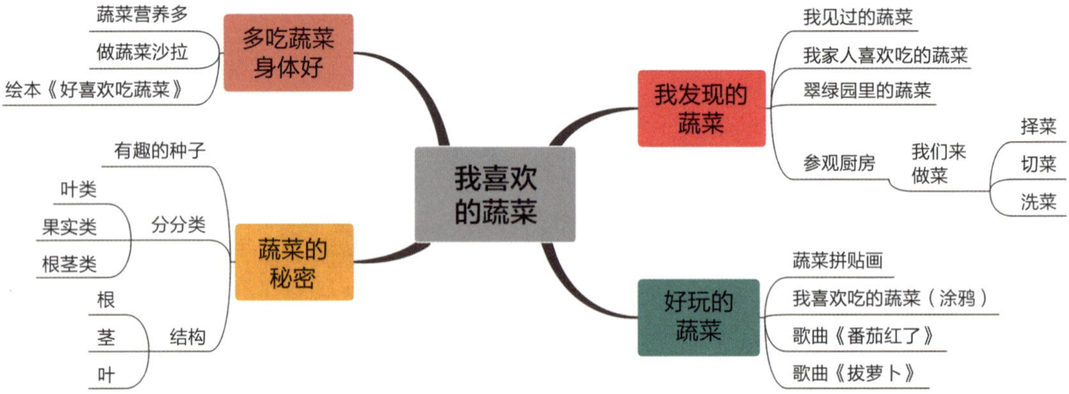

主题实施路径图

目标建议

目标建议

健康	1. 喜欢吃蔬菜,养成健康的饮食习惯 2. 了解蔬菜的营养价值,知道多吃蔬菜对身体好,注意荤素搭配 3. 在成人的引导下,不偏食、不挑食,逐步养成喜欢吃蔬菜的好习惯
语言	1. 会大胆说出自己喜欢的蔬菜,并愿意与同伴交流、分享 2. 通过说说蔬菜、品尝蔬菜、讲述蔬菜故事等,鼓励幼儿大胆、清楚地表达自己的想法和感受,发展语言表达能力
社会	1. 了解几种蔬菜不同的生长方式,感受农民种植蔬菜的辛苦,体验收获的喜悦 2. 懂得尊重劳动者的成果,培养幼儿热爱劳动的情感 3. 了解一些蔬菜的种植方法,尝试自己动手种菜
科学	1. 通过闻一闻、摸一摸、看一看、尝一尝等方式感知常见的蔬菜,知道其名称,了解其外形特征、颜色和味道等 2. 了解各种蔬菜的食用部位,会按不同的食用部分给蔬菜分类(根类、茎叶类、果实类),发展幼儿的分类能力 3. 愿意探索蔬菜生长变化的过程,并尝试做简单的观察记录
艺术	1. 根据蔬菜的形态、颜色,利用切、接、拼等方法创作表现自己喜爱的蔬菜造型作品 2. 大胆地用清楚、连贯的语言分享自己的作品

问题情境预设

幼儿的问题

1. 蔬菜的种子藏在哪里？
2. 茄子、番茄是蔬菜吗？为什么摸茄子叶子，手会痒呢？
3. 我们翠绿园有香蕉，香蕉是蔬菜吗？
4. 这是葱还是韭菜呢？
5. 为什么西红柿会烂了呢？为什么绿绿的番茄也会烂了呢？
6. 菜叶上为什么会有这么多洞洞呢？
7. 蔬菜是怎样长大的？

教师的问题

1. 你认识的蔬菜有哪些？它们是什么样的？
2. 蔬菜怎样搭配吃才能营养均衡？
3. 蔬菜的种子藏在哪里？
4. 蔬菜是怎样长大的？

活动开展建议

活动一：我和蔬菜做朋友

【活动目标】

1. 感知一些常见的蔬菜，能说出它们的名称，丰富语言表达能力。

2. 乐意与同伴围绕“蔬菜”主题谈话，能用简短的句子描述蔬菜，体会与同伴交谈的乐趣。

3. 懂得要多吃蔬菜，逐步养成不挑食的好习惯。

【活动准备】

经验准备：餐后散步时观察各种蔬菜，了解常见的蔬菜。

物质准备：每人一个袋子（袋子里装有一种蔬菜）；将幼儿从家里带回来的蔬菜布置成“蔬菜展览会”；各种蔬菜的图片。

自主探索蔬菜

【活动过程】

一、猜“蔬菜百宝袋”

1. 让幼儿猜猜袋子里面装的是什么，鼓励幼儿大胆表述。

2. 先请幼儿自由看一看、摸一摸、闻一闻，感受蔬菜的外形特征。然后鼓励幼儿说出常见的蔬菜名称，用自己的语言描述蔬菜的外形特征。

二、说说自己喜欢吃的蔬菜，并摆出实物

1. 师幼分享：你喜欢吃什么蔬菜？它是什么样子的？谁能把它摆出来？

2. 师幼分享自己见过的各种蔬菜，鼓励幼儿吃饭不挑食，知道多吃蔬菜身体好。

三、围绕“喜欢吃的和认识的蔬菜”进行谈话

师：我喜欢吃绿油油的白菜，你喜欢吃什么样的蔬菜呢？（丰富词汇：红彤彤、绿油油、香甜可口、黄澄澄……）

四、拓展谈话

师：妈妈（爸爸或爷爷奶奶）喜欢吃蔬菜吗？他们喜欢吃什么样的蔬菜呢？为什么喜欢？

活动二：蔬菜的家在哪里

【活动目标】

1. 了解蔬菜的生长过程和西红柿、大蒜等几种常见蔬菜不同的生长方式。

2. 在亲子活动中感受农民种植蔬菜的辛苦，体验收获的喜悦。

【活动准备】

经验准备：日常生活中观察过种植蔬菜的过程。

物质准备：蔬菜图片若干、关于蔬菜“整株与部分”的课件、投影仪。

【活动过程】

一、说说蔬菜从哪里来

师：我们吃的蔬菜是从哪里来的？（幼儿讨论：从超市买来的，从菜市场买来的，从很远的地方运来的，从地里种出来的……）

二、辨别蔬菜，了解几种常见蔬菜的生长方式

1. 出示常见并具有代表性的几种蔬菜，如西红柿、白菜、土豆、藕，请小朋友辨别。

2. 播放课件，引导幼儿了解不同蔬菜的生长方式。

师：这些蔬菜有什么不一样的地方呢？它们分别长在哪里？（有的长在泥土里，有的长在水里）

【家庭亲子活动】

共同制订计划表

活动目标	活动准备	活动内容	注意事项
1. 积极参与种植大蒜，知道大蒜是种在土里的 2. 在家人的引导下了解种植、照料大蒜的基本方法	1. 家长了解此活动的目的 2. 家长规划种植场地，准备种植工具（勺子、耙子、小水桶）、	1. 亲子讨论“大蒜生长在什么地方？种植需要哪些工具？”，并做好种植的计划 2. 亲子共同去菜市场购买比较饱满的大蒜头，回家后一起将大蒜头剥开准备种植	1. 注意孩子使用种植工具的安全及种植卫生 2. 鼓励孩子坚持照料、观察大蒜，并协助孩子做好大

（续表）

活动目标	活动准备	活动内容	注意事项
3. 能关注大蒜的明显变化，感知大蒜变化的典型特征，感受新奇与喜悦，有成功感 4. 愿意用简单的方式记录自己的发现，并大胆分享自己的疑问	器皿（碗、茶杯、花盆）等 3. 亲子共同了解种植方法，并制作简单的种植步骤图	3. 亲子分别尝试选择不同的器皿，种植大蒜，并坚持照料大蒜 4. 观察大蒜，发现大蒜的变化（叶子不断变长、变大） 5. 比较不同器皿种植的大蒜（花盆、杯子），知道大蒜不喜欢过量的水，在平时照料中要注意控制浇水的量 6. 鼓励孩子每天观察大蒜，并用简单的方式记录自己的发现 7. 在种植大蒜成功后，可尝试种植葱，让孩子观察、比较两种植物的不同	蒜生长过程的完整记录

活动三：蔬菜分一分

【活动目标】

1. 感知蔬菜颜色，辨别不同蔬菜的不同食用部分。
2. 尝试按不同的食用部分给蔬菜分类（根类、茎叶类、果实类），培养分类能力。
3. 知道蔬菜有营养，培养幼儿爱吃蔬菜的习惯。

【活动准备】

经验准备：初步知道常见的几种蔬菜。

物质准备：

（1）关于“常见的蔬菜”的课件。

（2）贴有各种蔬菜标记的小箩筐。幼儿每人一只小箩筐，并将实物蔬菜（白箩卜、胡萝卜、菜心、生菜、白菜、包菜、辣椒、西红柿等）分别放在各个箩筐中。

【活动过程】

一、超市游戏

今天是乐乐蔬菜超市开张的日子，所以请每位孩子来挑选三四种自己喜欢的蔬菜，一起来看一看、说一说、摸一摸自己喜欢的蔬菜。

说说喜欢吃的蔬菜

二、让幼儿说出自己所喜欢的蔬菜，并说明理由

师：你最喜欢什么蔬菜？为什么？

师：吃蔬菜对身体有什么好处呢？

小结：我们要吃不同的蔬菜，吸收不同的营养，身体才会健康；多吃蔬菜，身体能长高，可以通大便，增强抵抗力，不容易生病。

三、区分不同的蔬菜有不同的食用部分

1. 说说蔬菜的颜色和组成部分。

师：蔬菜是什么颜色的？它由哪些部分组成？（根、茎、叶、果实）

2. 说说并辨别出蔬菜的食用部分。

师：请小朋友从自己的箩筐中选出一种蔬菜，说说哪些部分可以吃，哪些部分不可以吃？（例如：青菜可吃的是茎叶，西红柿可吃的是果实。）

四、给蔬菜分类

师：请小朋友看小箩筐上的标志，根据蔬菜不同的食用部分把它们分类后送回家。

小结：蔬菜按照食用部分可以分成根类、茎叶类、果实类等。

【家庭亲子活动】

共同制订计划表

活动目标	活动准备	活动内容	注意事项
1. 积极参与蔬菜食物搭配、制作，体验劳动带来的快乐 2. 喜欢吃各类蔬菜，了解一些蔬菜搭配的菜式，知道科学搭配营养 3. 尝试把蔬菜洗、择、切，感知不同蔬菜内外不同特征，提高动手操作能力	1. 家中准备丰富的当季蔬菜：菜心、白菜、油麦菜、生菜、灯笼辣椒、洋葱、红萝卜等 2. 调味品：油、盐、酱油等 3. 干净的餐具：碗、碟、勺子等	1. 亲子间分享家庭成员对蔬菜的喜好，协商搭配、制作不同的菜式、食物 2. 亲子共同商量制作所需要的蔬菜，并列好购买清单，一起去挑选并购买 3. 在家长的帮助下，幼儿通过洗、择、切的步骤，选择蒸、煮、拌等方法，进行菜式搭配、食物制作 4. 亲子分享进行蔬菜搭配的感受以及吃到不同菜式的心情等 5. 亲子制作蔬菜搭配的小图书，与老师及同伴分享	1. 在与幼儿共同采购蔬菜的过程中，家长应尽量引导幼儿选择一些当季、新鲜、简单易操作的蔬菜 2. 在活动中让幼儿知道每个家庭成员对蔬菜的不同喜好，懂得分享的快乐

活动四：奇妙的蔬菜造型

【活动目标】

1. 感受蔬菜创作的造型美，体验艺术创作的快乐。
2. 会根据蔬菜的形态、色彩，利用切、接、拼等方法创作出不同造型的作品。
3. 能大胆地用清楚、连贯的语言分享自己的作品。

【活动准备】

经验准备：已欣赏了许多的蔬菜造型。

材料准备：莲藕、苦瓜、胡萝卜、剪刀、胶水、双面胶、水彩笔、PPT 课件。

【活动过程】

一、出示 PPT 课件，激发孩子的兴趣

师：白菜叶和菜心叶可以用来做什么呢？看看这些小朋友做了什么，你们觉得怎样？

二、欣赏各种各样的蔬菜叶子拼画作品

1. 欣赏作品，感受蔬菜拼画的造型美。

师：他们拼出的是什么？好看吗？哪个地方好看？为什么？

师：如果请你来拼，你会拼什么呢？打算怎样拼？拼成什么东西？

2. 自由选择各种蔬菜进行拼画。

师：请你选择你喜欢的蔬菜进行拼搭，想想要拼什么呢？

3. 欣赏交流与评价。

师：请你介绍一下你的作品，说一说用了哪些蔬菜拼搭？

师：你喜欢哪一幅作品？喜欢它的哪个地方？为什么？

活动五：幼儿园里种植蔬菜

【活动目标】

1. 乐意参加蔬菜种植活动，不怕脏不怕累，体验到劳动的快乐。

2. 了解种植蔬菜的不同方法，并学会照顾蔬菜。

3. 学会运用小铲子、小耙子等工具进行种植，提高动手操作能力。

【活动准备】

经验准备：已对常见的蔬菜有了认识，知道了蔬菜是多种多样的，已了解蔬菜是种植出来的。

物质准备：

(1) 常见的蔬菜菜苗和菜籽若干、松软的泥土、沙子、小石子、树叶、稻草等。

(2) 小铲子、小耙子、小锄头，废旧的小杯子、罐子若干。

【活动过程】

一、观察菜苗和菜籽

师：小朋友，你们有种植过蔬菜吗？你们知道蔬菜是怎么种植的吗？

二、介绍材料以及种植工具

1. 出示材料。

师：这里有很多的菜苗以及菜籽，它们是怎样的？请你猜一猜，这里有哪几种蔬菜的菜籽呢？（白菜籽、菜心籽、芥菜苗、番薯、红豆……）

2. 介绍工具及探索使用方法

师：除了菜苗和菜籽，这里还有好多工具呢，谁能说说这些工具要怎么使用？（废旧的小杯子、罐子，小铲子、小耙子、小锄头、浇水用的小杯子等）

三、师幼一起探索不同的种植方法

1. 幼儿自由讨论不同的菜种有不同的种植方法。

师：小朋友，其实种植蔬菜有很多种方法。这里有泥土、沙子、叶子和水，请你猜一猜，我们怎样利用这些材料来种植蔬菜呢？和身边的好朋友商量一

种植蔬菜

下吧。

2. 师幼一起探索不同的种植方法。

师：如果要用泥土、沙子、叶子或者水来种植，你想到了什么方法？

小结：用泥土或沙子种植菜籽时，可以先用铲子翻松泥土或沙子，挖一个小坑，放进菜籽，在上面盖上泥土或沙子，再浇上水；把叶子或稻草剪碎，铺满在小罐子里，挖一个小坑，放进菜籽，然后填埋，最后浇水；在瓶子中放进菜苗，然后放进小石子固定好，最后倒入适量的水。

四、尝试种植蔬菜

1. 幼儿自由选择材料、工具以及种植方法进行种植，教师巡回指导。

2. 区分了解菜苗和菜籽的种法：菜籽全埋在泥里种，而菜苗只是根部埋在泥里种。

3. 提出要求：

(1) 自由选择材料、工具以及种植方法进行种植；

(2) 可以单独完成，也可以与他人合作完成；

(3) 注意使用工具的安全，且不要把泥土、沙子等弄到眼睛里。

五、小结及延伸活动

1. 师：今天小朋友用不同的方法种植蔬菜，了解了种植蔬菜有不同的方法。接下来我们每天都要观察自己种植的蔬菜，还要照顾好这些蔬菜宝宝，为它们浇水、除草以及施肥哦。

2. 为幼儿提供观察记录本，引导幼儿关注蔬菜的生长变化，愿意照顾种植的蔬菜、观察蔬菜的生长过程。

【区域活动】

区域活动创设参考表

区域名称	内容	材料投放	操作建议	指导建议
语言区	我认识的蔬菜	亲子制作的《我认识的蔬菜》小图书	幼儿认真翻看图书，并大胆用自己的语言说出蔬菜的名称	引导幼儿能用“这是……的……”句式说出蔬菜名称
	蔬菜是怎样生长的	蔬菜生长过程的相关图片	幼儿根据蔬菜生长过程图进行排序	引导幼儿了解蔬菜的生长过程，边说边将其生长过程进行排序
	有趣的蔬菜表演	蔬菜服装、指偶等	幼儿根据自己选择的蔬菜服饰或指偶说出蔬菜的名称，并会与同伴合作表演	引导幼儿能用“我是……的……”句式说出蔬菜名称
美工区	奇妙的蔬菜造型	蔬菜的叶子、茎、果实	幼儿自由选择各种蔬菜的叶子、茎、果实，创造性地拼画蔬菜造型	引导幼儿拼画出不同的蔬菜造型，拼画完成后能用“我用……拼画成……”句式说一句话
	蔬菜拼贴画	橡皮泥、废旧报纸、纽扣等	幼儿运用剪、贴、撕、搓、折纸制作各种蔬菜	引导幼儿根据蔬菜的形态、色彩，拼贴出自己喜爱的作品，并能大胆地用清楚、连贯的语言分享自己的作品

（续表）

区域名称	内容	材料投放	操作建议	指导建议
角色区	我们一起来炒菜	收集一些塑料蔬菜玩具	幼儿可根据已有的材料，和同伴一起商量我们可以怎样把蔬菜进行营养搭配	引导幼儿了解蔬菜的营养，知道多吃蔬菜身体好，培养同伴间的交往能力
	买卖蔬菜	塑料蔬菜若干、货币、篮子等	幼儿进行买卖蔬菜游戏活动时，和同伴商量好角色分配，知道买和卖的不同	引导幼儿知道买卖的流程，正确使用“请问你要买什么”“你好，一共多少钱”等文明用语，在游戏结束后懂得分类收拾材料
科学区	蔬菜分一分	提供各种蔬菜的实物、分类篮子等	幼儿根据蔬菜的不同吃法进行分类	引导幼儿在分类过程中用语言这样表达：“因为……所以……。”
	蔬菜的秘密	各种实物蔬菜	幼儿通过看一看、摸一摸等探索蔬菜的秘密	引导幼儿发现蔬菜的秘密（从颜色、可食用部分、种植方法等多种角度），并做好记录和同伴一起分享

活动记录与支持

幼儿园课程的主题活动应关注预设活动与生成活动的平衡，既要提倡活动的灵活性和综合性，也要善于捕捉活动过程中自然生成的有价值的话题与内容。帮助幼儿建立和保持自信，支持幼儿主动学习，促进其在生动活泼的多元活动中获取丰富的经验，培养优秀的学习品质和学习能力。以下是教师在开展主题活动中，支持幼儿主动学习的一个故事记录。

为什么西红柿烂了

今天早上和小朋友在种植园散步，孩子们很有兴致地观察着蔬菜。突然，张钰翔指着那个西红柿说：“老师，这个西红柿烂了。”我问：“为什么番茄烂了呢？”张钰翔说：“被虫子吃了。”我点点头。随后朱俊霆说：“老师，被闪电打到了，最近都是下雨天，那个闪电很厉害的，西红柿没有屋子。”他能这样去联想，我非常惊讶，其他小朋友一听，笑了起来。刘佳钰说：“会不会是蝴蝶和蜜蜂过来采花蜜的时候吃了西红柿啊？”

我指着两个都烂了的西红柿，和小朋友说：“你们看看，虽然这两个西红柿都烂了，但有不一样的地方哦。”巢晋僖说：“这个西红柿是红红的，另外一个是绿绿的。红红的是可以吃的，绿绿的是不能吃的。”“那为什么都烂了呢？你们想想。”巢晋僖说：“红红的西红柿是被别人吃了吗？”这时候，大家你看我，我看你。然后孩子们都说：“不是我，不是我。”我笑了笑，说：“除了小朋友们喜欢吃西红柿，还会有谁喜欢吃呢？”这时候，孩子们七嘴八舌地说：“虫子，小鸟，老鼠……。”那绿绿的西红柿为什么也烂了呢？朱俊霆坚定地说：“闪电弄到的。”我提醒小朋友看看绿绿的西红柿表面上有什么，他们说：“有些白白的，很难看的，不能吃了。”

充满童真的孩子们都有自己独特的想法，谁也猜不透西红柿到底怎么烂掉的。于是我说：“烂掉的西红柿好可惜。需要种植很长时间，还要很多营养才长那么大。那我们有什么办法可以让西红柿不受到破坏呢？”朱俊霆：“给它们做个小房子。”小朋友有奇思妙招，拿了个小盒子套着它。可是盒子套着就没有阳光和雨露怎么成长呢？小朋友们又继续想。巢晋信找来了一个废弃的瓶子，说把瓶子切开，套了上去。黄曦文说：“不好不好，瓶子太小了。”大家又想了想，文文接着说：“上周妈妈带我去摘杨桃，我看到树上杨桃是用袋子装着的。”大家听完，觉得文文的想法也可以试试，然后找来了透明的塑料袋，把没有烂的西红柿套了起来。

在接下来的日子里，小朋友心里始终想着西红柿，经常跑到菜地，看一下会不会有小鸟或者蜜蜂来偷吃。有个眼睛很厉害的小朋友说：“有小鸟，刚飞走了。”于是孩子们很不放心。怎么可以赶走小鸟呢？有的孩子说“我去吓走它”，有的孩子说“拿个网把小鸟抓住”，有的孩子说“我站在西红柿旁边守着”。可是守了很久，没有看到小鸟来，太阳很晒，孩子们汗流浃背，而且又不能去玩。怎么办呢？佳佳说：“做个假人。”我笑了笑问：“假人，怎么做啊？”佳佳说：“我在乡下的菜地里看到过，有个不会动的人在田里站着。”她还做出不动的样子给我们看。我说：“那是稻草人。”

第二天，经过和爸爸妈妈的探讨，小朋友们虽然找不到稻草，却找来了一些小树叶、树枝、绳子和废旧衣物，我和小朋友们一起讨论设计了一个不用稻草做的“稻草人”。小朋友都很开心，并把“稻草人”搬到菜地去。大家一起观察，却发现西红柿不再烂了。孩子也很精心地去呵护每个西红柿，帮忙浇水、施肥等，期待每个西红柿都长得漂漂亮亮的！

西红柿烂了

【教师反思】

今年雨水特别多，菜园的蔬菜长得不是很好，但小朋友的观察是很认真的，他们能发现蔬菜的生长变化，能观察到蔬菜是否开花，是否长出果实，还能经常关注蔬菜生长得好不好。如有一天在种植园，他们发现了有的西红柿变红了，有的西红柿却烂了。他们感到非常好奇——为什么会烂了？他们思考着西红柿变烂的原因，也思考着怎样保护西红柿。在他们眼里，总能发现微小的事情，脑袋里总有很多“为什么”，也有很多的“小点子”。在发现问题后，孩子们会想办法解决问题。他们在遇到问题、解决问题的过程中，不断成长着。活动中，借助“西红柿烂掉了”这个问题引申出来的一系列探索学习的契机，通过孩子们的操作实践，让孩子们知道了种植蔬菜是不容易的，需要施肥和养护好，才能长出漂亮、好吃的蔬菜。

小班：夏天水果香又甜①

主题活动核心理念

陈鹤琴提倡：大自然、大社会都是活教材，让儿童在与自然、社会的直接接触中，在亲身观察中获取经验和知识。《指南》中提出：“幼儿的学习是以直接经验为基础，通过自己特有的方式与周围环境互动的过程，是幼儿主动探索周围的社会、自然环境和物质世界的过程。”孩子们眼中的世界就如夏天般绚丽多彩，极小的一件事在他们看来也是不寻常的，在好奇心的驱使下，幼儿开始了对周围世界的探究。好奇心是幼儿有强烈求知欲和认识兴趣的表现，他们常常会提出各种各样的问题，这正是引导幼儿主动探究和发现的基础。

夏天，在知了的叫声中到来了。天气时而阳光明媚，时而暴雨雷鸣，充足的雨水和阳光蕴育着各种植物的生长。幼儿园里瓜果飘香、硕果累累，蕴含着丰富的教育资源。孩子们喜欢走进自然、发现自然，因此我们希望在活动中，通过让幼儿去看一看、摸一摸、尝一尝、分一分、买一买等探究方式全面地感知、了解水果的特性，激发幼儿探索水果的好奇心和欲望，积累相关的知识和经验，并在快乐的体验中发展学习品质。

来源与经验

夏天的水果丰富又多彩，既富有营养，又贴近幼儿的生活。一天，孩子们在散步时发现枇杷树上长出了枇杷，桃子树上长满了桃子……幼儿园里到处是黄黄的、圆圆的、一串串的，有大有小，格外引人注意。孩子们有的说吃枇杷可以止咳，有的说枇杷酸酸甜甜的、味道好极了，还有的说桃子身上怎么这么多毛毛，不知道怎么吃……他们说个不停，展示自己的发

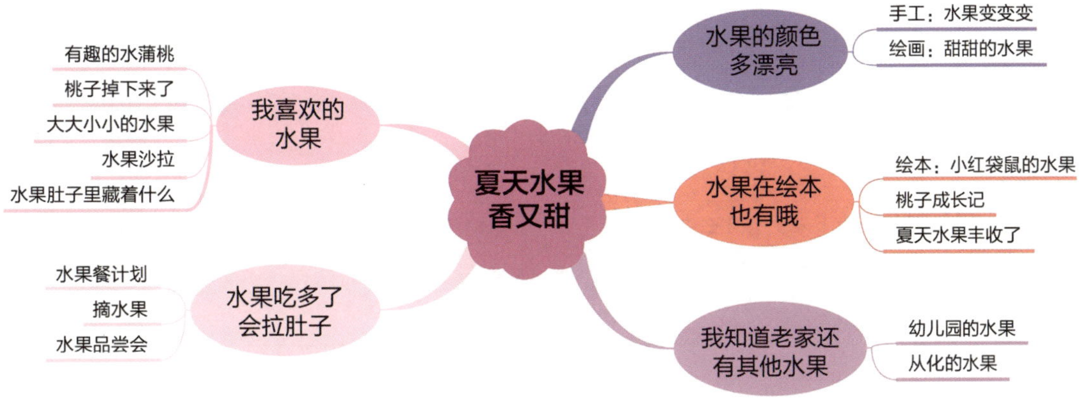

主题实施路径图

① 由谭冰琪、黄燕芳撰写。

现。孩子们对夏天的一些水果产生了浓厚的兴趣，并给他们带来了丰富的感官之旅。夏天的水果是幼儿熟悉的、喜欢的，我们依据孩子的需求和兴趣生成了本次活动，让幼儿在情景化、生活化和多元互动的共同体中获得有益的发展。

基于幼儿的兴趣及其发展需要，我们从幼儿的视角出发，共同商讨并设计了主题实施路径。

目标建议

目标建议

健康	知道多吃水果身体好，喜欢吃新鲜水果，养成不挑食的健康饮食习惯
语言	1. 能大胆在同伴面前分享自己对夏天水果的发现，会用“有……有……还有……”的句式来介绍水果种类 2. 通过闻一闻、摸一摸、看一看、尝一尝等多种感官体验，大胆、完整地分享水果的名称、外形特征、颜色和味道等 3. 尝试根据故事情节表演，会用丰富的词汇表达，如红红的、绿绿的、香甜可口等
社会	1. 喜欢参与探索从化夏天盛产的水果，萌发对夏天水果的喜爱之情，并为家乡的农作物感到自豪，从而产生爱家乡的情感 2. 乐于探索，大胆表达，感受合作、分享的快乐，提高社会交往能力和语言表达能力
科学	1. 喜欢参与探索，积极运用多种感官感知水果的基本特征，知道夏天水果的种类，并知道水果形状各异、营养价值不同 2. 了解枇杷、杨梅、桃子的基本特征、品种、味道及生长过程，能大胆运用自己的方式表达对这些水果的感知 3. 了解制作水果沙拉的基本步骤，喜欢参与活动
艺术	1. 喜欢欣赏水果的各种造型，感受其造型美和色彩美 2. 乐意尝试用各种环保材料制造水果造型 3. 根据水果的形态、色彩，利用切、接、拼等方法制作自己喜爱的物品 4. 乐意展示自己的作品，能大胆地用清楚、连贯的语言讲述自己的作品

问题情境预设

幼儿的问题

1. 高高的枇杷怎么摘下来？有什么办法？	4. 水蒲桃与葡萄一样吗？
2. 桃子为什么会掉下来？	5. 水果的肚子里藏着什么？
3. 杨梅为什么不可以直接吃？	6. 水果沙拉怎么做？

教师的问题

1. 幼儿园里有哪些水果树？	3. 怎么吃水果才健康？
2. 夏天有哪些水果呢？	4. 新鲜的水果可以怎样保鲜？

活动开展建议

活动一：幼儿园里有哪些水果？

【活动目标】

1. 大胆与同伴分享交流自己认识的水果，并通过看、摸、闻、尝等方式了解夏天水果的外形特征及味道。

2. 能用数一数、分一分的方法对水果分类，并感知5以内的数。

3. 尝试与同伴合作参与分杨梅、洗杨梅、尝杨梅的活动，感受操作体验的快乐。

【活动准备】

经验准备：在平时的一日生活中，师幼经常在园内散步，观察园内植物。

物质准备：

(1) 水果调查表，亲子收集各种水果图片，各种品种的杨梅实物，制作《夏天水果香又甜》小图书。

(2) 各种餐具，如勺子、碗、碟等。

【活动过程】

一、园内观察，谈话导入

师：你们知道我们的幼儿园里有哪些水果吗？它们叫什么名字？

二、园内调查：我找到的水果

1. 完成调查表。

师：我们幼儿园里有哪些水果呢？分别是什么？请把你的发现记录下来。

2. 幼儿自由结伴，互相分享。

3. 师幼共同记录、分享。

小结：通过记录分享，让幼儿区分什么水果在哪个月份成熟。

我找到了枇杷

三、寻找夏天的水果

1. 讨论：寻找从化夏天的水果。

师：除了幼儿园的水果，我们从化还有哪些夏天的水果呢？(幼儿自由讨论、分享)

2. 分一分，数一数。

师：夏天的水果真多，有什么办法可以知道这里有几种水果，每种水果有几个呢？

3. 通过多种感官了解杨梅的外形特征。

师：杨梅是夏天的水果之一，你发现的杨梅长什么样？你吃过吗？还见过其他品种的杨梅吗？

(1) 幼儿自主探索、分享发现的各品种的杨梅。例如，从化杨梅有黑炭、东魁、红梅、大粒紫等品种。

(2) 小结：原来杨梅成熟的时候是红红的，没成熟的时候是绿绿的，闻起来酸酸的；杨梅是没有皮的，可以直接吃……

4. 探索洗杨梅的方法。

师：杨梅没有皮，想一想我们可以用什么方法把没有皮的杨梅清洗得干干净净呢？

（1）幼儿自主选择工具、材料清洗杨梅。例如：用盐水清洗、浸泡；加入小苏打搅拌；用面粉搅拌浸泡。

（2）师幼共同记录、分享。

5. 品尝洗净的杨梅，分享自己的劳动成果。

观察杨梅

幼儿清洗杨梅

【家庭亲子活动】

共同制订计划表

活动目标	活动准备	活动内容	注意事项
1. 知道水蒲桃是夏天盛产的一种水果，用多种感官探索发现水蒲桃的特征 2. 用自己的方式表达对水蒲桃的认识 3. 对夏天的水果感兴趣，喜欢探究其中的秘密	1. 选择水蒲桃盛产的季节，寻找种植水蒲桃较多的种植园地 2. 到水果市场、超市购买水蒲桃 3. 提前搜索水蒲桃的相关资料	1. 到户外寻找水蒲桃树，发现水蒲桃的树、叶、花、果的外形、颜色、气味等特征，并用自己喜欢的方式与家人分享自己的发现 2. 到水果超市购买水蒲桃，用多种感官去发现水蒲桃的秘密（果实的形状有点像成熟的番石榴，水分较少，有特殊的玫瑰香味，故称之为“香果”。种子的种皮干化，呈中空状态，果核可在中间滚动，并能摇出声响，因此又称其为“响鼓”。当果实出现这种“响鼓”的现象，则说明其已经成熟。成熟的果子是空心的，一按就破了，嚼起来甜甜脆脆的） 3. 亲子共同品尝水蒲桃，并猜猜、数数果核有多少，感知水蒲桃果核的秘密 4. 亲子共同制作“水蒲桃秘密”的小图书、摄影照片集、小视频等，幼儿回园后与老师、同伴分享	1. 寻找场地时，家长要考虑场地安全隐患，并准备好一些探索工具 2. 亲子商量制定好探索的计划、规则 3. 家长在探索过程中注意引导孩子发现水蒲桃与葡萄等其他水果的不同

活动二：水果怎么摘下来？

【活动目标】

1. 尝试想办法把成熟的水果摘下来，提高解决问题的能力。

2. 乐意参与摘水果活动，发展动作协调性，感受与同伴合作的愉悦。

3. 通过品尝摘下的水果，体验合作劳动、成功摘果的快乐。

【活动准备】

经验准备：大部分幼儿已经观看过家乡水果的采摘。

物质准备：

（1）准备好工具，如竹梯、凳子、小箩筐等。

（2）画笔、纸、颜料盒。

【活动过程】

一、谈话导入，寻找摘水果的办法

师幼讨论：怎样才能把熟了的水果摘下来？可以有什么办法呢？

二、幼儿分组深入讨论摘果方法

幼儿分组自由讨论摘水果的方法，教师适时介入指导。

三、幼儿自主分组完成采摘任务

师：把你们想到的办法都试试，看看谁想的办法又多又安全。（采摘过程中，教师注意提醒幼儿如何安全地采摘，并要学会保护自己。）

摘水果

四、师幼共同分享劳动成果与经验

师：你是独自一人采摘还是与小伙伴一起合作采摘的呢？用什么办法摘的？用了什么工具？

师：今天采摘水果中，你的感受是怎样的？

五、品尝采摘的水果

1. 在水果餐时，引导幼儿讨论：应该怎样合理地吃水果？

2. 教师小结：小朋友们不怕困难，想到多种方法成功摘下水果，真棒！我们来好好品尝自己摘的水果吧。

活动三：小红袋鼠的水果屋

【活动目标】

1. 通过故事，了解几种常见水果在人体中的特殊作用。

2. 尝试根据故事情节表演，并能说出“我是苹果娃娃，我的作用是……”。

3. 初步养成不偏食、爱吃瓜果的好习惯。

【活动准备】

经验准备：初步了解多吃水果有益于身体健康，和爸爸妈妈简单探讨常见水果的特征及对人体的特殊作用。

物质准备：

（1）亲子合作收集或制作小图书《夏天水果营养多》，并设计好“喜爱的水果”统计表。

（2）故事《小红袋鼠的水果屋》的音频。

【活动过程】

一、故事导入，激发兴趣

教师讲述故事《小红袋鼠的水果屋》，激发幼儿兴趣，使其了解几种常见水果的特征及对人体的特殊作用。

二、选一选，看看哪种水果最受欢迎

师：你最喜爱的水果是什么？为什么呢？

师：我们来选一选，看看哪一种水果最受欢迎。

教师请幼儿说出自己所喜爱的水果，填写在统计表格当中，并选出最受幼儿欢迎的水果。

三、翻阅图书，进行故事表演

1. 幼儿自由翻阅自制小图书《夏天水果营养多》，大胆地表述：“我是苹果娃娃，我的作用是……。”

2. 分角色扮演故事，以“我是……，我的作用是……”句式模仿表达。

3. 小结：生活中各种各样的水果我们都要吃，这样才能吸收不同的营养，身体才会更健康。

活动四：水果变变变

【活动目标】

1. 尝试利用不同形状的水果拼出不同的造型，发展想象力和创造力。

2. 在贴、画、捏、印等活动中，体验美术创作活动的快乐。

【活动准备】

经验准备：初步使用过颜料、牙签，已掌握卷、粘贴等技能。

物质准备：各种水果实物，盘、颜料、纸、笔、扭扭棒等。

【活动过程】

一、出示水果百宝袋，导入并激发兴趣

师：今天小红袋鼠带了一个神奇的水果百宝袋，我们一起来瞧瞧水果百宝袋里有什么？

二、欣赏各种水果造型及用水果制作的艺术品

师：你喜欢哪个水果造型，为什么？它是用了哪些水果，用什么方法做出来的？

三、手工制作：水果变变变

师：今天小朋友们带来了一些水果，老师也为你们准备了一些工具和材料，我们一起来做魔术师，看看谁的水果会变得最有意思。

1. 幼儿自主选择材料分组创作。

A. 颜料-水果添画；B. 橡皮泥-水果造型；C. 牙签-水果造型；D. 水果拼贴画。

2. 幼儿互相分享材料，一起制作。

四、"百变水果"展览会，相互欣赏评价

师：小朋友们创作了"水果大变身"，各有特色，真漂亮！你们最喜欢哪一个造型？为什么？它有什么特别的地方？

水果添画

水果拼盘

【家庭亲子活动】

共同制订计划表

活动目标	活动准备	活动内容	注意事项
1. 尝试把一些水果剥皮、切开，感知水果的内外不同特征 2. 了解制作水果沙拉的基本步骤，喜欢参与活动 3. 感受分享、合作的快乐，提高幼儿的社会交往和语言表达能力	1. 各种水果、沙拉酱等 2. 制作水果沙拉的视频 3. 盘子、勺子、刀子、夹子等	1. 家长与幼儿一起观看制作水果沙拉的视频。引导幼儿发现制作水果沙拉的方法 2. 引导幼儿自主选择材料，包括水果以及工具，并尝试运用工具切水果 3. 家长引导幼儿发现不同水果的不同吃法：剥皮吃还是直接吃？ 4. 切水果的过程中，家长引导幼儿主动探索切的方法：横着或竖着切，大块切或小块切 5. 家长引导幼儿在切好、搭配好的水果上倒入适当的沙拉酱，并搅拌均匀，最后做成水果沙拉	1. 切水果的时候，家长要引导幼儿安全使用刀具，避免切到手 2. 家长注意提醒幼儿倒入适量的沙拉酱，应与水果的比例适中 3. 吃水果沙拉时，不宜吃太多，以免造成肠胃不适

活动五：水果肚子里藏着什么？

【活动目标】

1. 对事物产生好奇心，乐于大胆探究和实验，对科学活动感兴趣。
2. 通过寻找水果种子，知道种子藏在果实里，了解种子的用途。
3. 帮助种子找到相应的果实，发现种子的秘密。

【活动准备】

经验准备：平时已经吃过常见的水果，知道许多水果的核就是种子。

物质准备：

(1) 各种水果的种子，如西瓜、李子、黄皮、荔枝等。

(2) 种子生根发芽的视频。

【活动过程】

一、品尝水果，寻找水果里的种子

1. 发现果实里面有小秘密。

师：你们在吃这些水果的时候，发现了什么呢？（有籽、有核、有硬硬的东西）

2. 提供各种果实（部分水果已切开），请幼儿找出果实里的种子，并向同伴分享自己的发现。

3. 幼儿自由讨论：发现的种子有什么不一样的地方？（大小、形状、颜色等）

小结：“果实妈妈”肚子里藏着“种子宝宝”，不同的果实有不同的种子。

二、讨论：“种子宝宝”的作用

1. 幼儿分组讨论种子的作用。

2. 观看视频，师幼共同探讨种子的作用。

小结：原来小种子可以用来种植，种子经过生根、发芽、开花、结果之后，又可以长出水果来。

三、游戏：“种子宝宝”找“果实妈妈”

师：这儿有许多的“种子宝宝”，它们找不到自己的妈妈了，请你帮它们找一找。

四、活动延伸

师：在平时吃水果的时候，我们记得找一找水果的种子藏在哪里，它是什么水果的种子，和好朋友或者爸爸妈妈说一说。

【区域活动】

区域活动创设参考表

区域名称	内容	材料投放	操作建议	指导建议
语言区	快乐分享	投放有关水果的图书、亲子制作的小图书《岭南水果甜又多》	认真翻看图书，说出水果的名称	引导幼儿用“这是……的……”的短句说出水果名称
	我是水果娃娃	水果娃娃头饰	扮演水果娃娃，说出水果的名称和简单的特征	引导幼儿大胆向同伴介绍自己扮演的水果娃娃
美工区	制作水果	水果造型图片、牙签、橡皮泥	幼儿用橡皮泥创造性地表现各种各样的水果	引导幼儿用搓、团圆、捏等技能制作水果
	水果贴画	各种十字材料、浆糊、水果底板	幼儿可用各种十字材料进行粘贴水果	引导幼儿大胆地选用各种材料创造性地粘贴水果
	画水果	水彩笔、油性笔、画笔、蜡笔	幼儿选择不同的方式画水果	引导幼儿大胆作画，用不同的色彩表现自己喜欢的水果

(续表)

区域名称	内容	材料投放	操作建议	指导建议
角色区	买卖水果游戏	各种水果玩具、碗碟、货币等	幼儿进行水果买卖游戏时知道买和卖的不同，和同伴商量好角色的分配	引导幼儿知道买卖的流程，正确使用“请问你要买什么”“你好，一共多少钱”等文明用语，在游戏结束后懂得分类收拾材料
	水果拼盘、沙拉	各种水果、碗碟、小刀、叉等	幼儿自主进行制作水果拼盘、沙拉	知道制作水果拼盘、沙拉的步骤，会与同伴合作制作
科学区	称一称	自制的天平秤、各种水果	会使用天平秤，比较水果的轻重	引导幼儿在用天平秤，比较水果的轻重时知道重的一边会往下沉，轻的一边会被翘起来
	水果排排队	大小、颜色不一的水果图片	按大小、颜色等规律进行排队	引导幼儿按规律给水果排队，并会与同伴分享
益智区	拼一拼	水果拼图、托盘	幼儿根据提示拼出完整的水果图片	根据幼儿的情况，抽离完整的图片，尝试无示范拼图

活动的记录与支持

以下是教师在开展主题活动中，支持幼儿主动学习的其中一个故事记录。

摘枇杷

窗外的枇杷逐渐熟了。“哇，你们看，枇杷变黄了。”卓卓举起小手兴奋地跟大家说。“是吗，我也来看看。”我也被卓卓的喊声吸引过去了。果然，窗外的枇杷真的熟了，颜色由绿变黄了。卓卓说：“前几天看还是绿绿的，现在都变黄了，我们一起去看看吧。”“绿的会怎样呢？”“估计很酸吧。”“会不会很难吃呢？”“我上周吃过了，绿的不能吃，是还没成熟的。”……

枇杷成熟了

孩子们都在热烈地讨论枇杷。突然，悦悦小朋友在草丛中捡到一颗枇杷，小手来回地摸了又摸：“原来枇杷是这样子的，摸起来有点滑滑的。”于是她又轻轻地放在鼻子边闻了闻：“哇，好香啊，这个枇杷应该熟了，好想吃呀。”骏骏被悦悦可爱的表情惊呆了，走过去说：“可以给我闻一闻吗？”悦悦高兴地递给他说：“好啊，你看看。”“哇，真香啊，枇杷柄还有点毛毛，我觉得它像小鸡蛋。”“嗯嗯，确实非常像，还像什么？”我微笑着点点头说。“还像我们早餐吃的鹌鹑蛋，小小的，椭圆形的。”悦悦灵机一动说。小家伙真会想象，这话让我觉得非常惊讶。我们的交谈引起了其他孩子的注意，大家纷纷走过来看。“老师，我们可以摘这些枇杷吗？”孩子们看着高高的枇杷笑眯眯地说。“当然可以！”我摸摸他们的小脑袋说。大家听到可以摘，都兴奋极了。

“这么高怎么摘呀？”琳琳抬起头说。

大家听到琳琳提出的问题，沉默了一下，有的摸着小脑袋想，有的双手抱头，像是在给自己充入能量，可爱极了……

“那我们一起来想想，有什么好办法能把高高的枇杷摘下来呢？”

“老师，我想到了，可以爬上去。”昊昊激动地举起小手。

“我们怎么爬呀？”璇璇说。“对啊，怎么爬呀？”大家对这个办法产生了怀疑。

“这个办法也许能行，要不我们试试看，谁愿意来爬一爬？”我坚定地说。

“我愿意。”骏骏大声喊。“勇敢的孩子，不错哦！”我拍了拍他的肩膀。“骏骏加油，骏骏加油！”孩子们齐声呐喊起来。骏骏马上双手抱紧枇杷树往上爬，双脚不停地用力往上撑，爬上了一点儿又滑了下来，爬上了一点儿又滑了下来，大家乐得笑哈哈。

“我在下面帮你！”熙熙走到骏骏身边说。

“我在下面保护你！”“我也是！”“我们一起保护你！”……孩子们有的在骏骏身后帮他，有的几个小伙伴一起手拉手围着枇杷树保护他。

“我们来一起努力！”我打开双手拉着孩子们说。

“这树太高了，爬不上去。”骏骏红着小脸蛋说。

“没关系，等我们长大一点，肯定能爬得上去的。”我轻轻地抱起骏骏说。

“老师，我们可以用石头把它打下来。”熙熙说。“用石头很危险，容易打到旁边的小朋友……”文文说，其他小朋友听了也点点头。

“用石头虽然比较危险，但也是一个办法，我们再想想，还可以借助些什么工具呢？”我笑着说。

“可以用我们玩的梯子爬上去呀。”菁菁说。

“老师，可以用木棍。”小宇说。

“可以回教室搬椅子。”恩恩说。

“还要拿小箩筐去接住枇杷。”小雨说。

于是，他们有的跑到生活园问阿姨借用一些小箩筐，有的三三两两去搬木梯、拿木棍，还有的回去搬小椅子……不一会儿，木梯架好了，瑜瑜第一个站出来爬上去尝试。可是由于木梯太高，孩子们太小了，爬到半截就不太敢了。“那怎么办呢？”“找个木棍试试吧！”文文说。可还是够不着枇杷树。

请文哥哥来帮忙

“要不用力把它摇下来吧！”熙熙又说。于是，好几个小朋友抱着树干，蹲好马步，扶紧枇杷树干，“1，2，3……”可是枇杷树依然纹丝不动……“那怎么办呢？”孩子们一度陷入迷茫。

“难道我们就真的没有办法了吗？”我有点小失落地说。

“我们可以找文哥哥帮忙的，他很高，力气又大。可以请他帮忙呀！”文文说。

“对啊，他经常修水龙头、修剪树枝，力气可大了！”骏骏说。于是孩子们浩浩荡荡走到文哥哥的办公室，请文哥哥来帮忙。文哥哥决定帮助我们，他选择了一条长竹条，再用一根小竹子夹在竹条顶部轻轻地把枇杷一夹……

哇，终于摘下枇杷来啦。孩子们高兴地都跳了起来，历尽艰辛终于收获到了果实！

【教师反思】

幼儿喜欢观察大自然，并在观察的过程中大胆表达自己的发现和想法。孩子们发现枇杷真的熟了，颜色由绿变成黄就是熟了。能说出枇杷摸起来有点滑溜溜的，枇杷柄还有点毛毛的、椭圆形的像小鸡蛋一样。当孩子们想把枇杷摘下来时，我们老师也是给他们思考和尝试的机会与空间，想到了问生活园阿姨找来各种工具，并合作商量，想办法解决问题。在这过程中老师适当给予鼓励和提示，而没有包办代替。最终，孩子们不但收获了果实，更让孩子们收获到许多在解决问题过程中的各种良好的学习品质。活动后，老师也反思，在幼儿摘枇杷的时候，老师是否要参与到其中？最后是否可以请孩子们把这次难忘的经历用绘画的方法记录下来呢？

中班：根的奥秘①

主题活动核心理念

孩子们对大自然有着与生俱来的兴趣与探究欲望，他们渴望与植物近距离接触。当我们带着孩子们到户外，看着他们在操场边上愉快地追赶蝴蝶，在草丛中专心致志地寻找小昆虫，在树下寻找各种落叶，我们感受到这才是孩子们快乐的生活。

陶行知先生的“生活即教育”及陈鹤琴先生的“大自然、大社会是孩子们的活教材”的理念，让我们认识到课程内容应来自幼儿生活。应在生活中挖掘教育资源，为幼儿提供丰富多样的教育活动资源，让幼儿在大自然和社会的大课堂中自主学习探索，提升生活经验。

来源与经验

春与夏交替的时候，天气就像小孩子的心情一样变化无常，经常雷雨交加。幼儿园的后园经过几场暴风骤雨的洗刷后，空气变得非常清新，于是我们在餐后组织孩子去后院散步。当孩子们走到大树下时，都被那雨水冲刷过后而露出来的树根吸引住了。有的孩子问：“这长得黑黑的是什么呀？”“是柴。”“是藤条。”“是蛇。”……看着孩子们对树根产生这么大的兴趣，为了满足他们的好奇心和探究欲望，我们商讨决定开展“根的奥秘”这个主题。旨在培养孩子良好的观察习惯，学会发现一些自然现象，让他们了解更多植物知识，真正喜欢植物，喜欢大自然。随着孩子们的不断深入探究，他们发现根不但有吸收养分、防止水土流失、固持植物体、储存营养等作用，而且可以吃、做根雕和彩绘等。孩子们知道：我们的生活和植物有着密切的关系，离开了植物，人类将无法生存。

---

① 由何淑莲、朱芷敏撰写。

基于幼儿的兴趣及其发展需要，从幼儿的视角出发，教师们共同商讨并设计了“根的奥秘”主题实施路径。

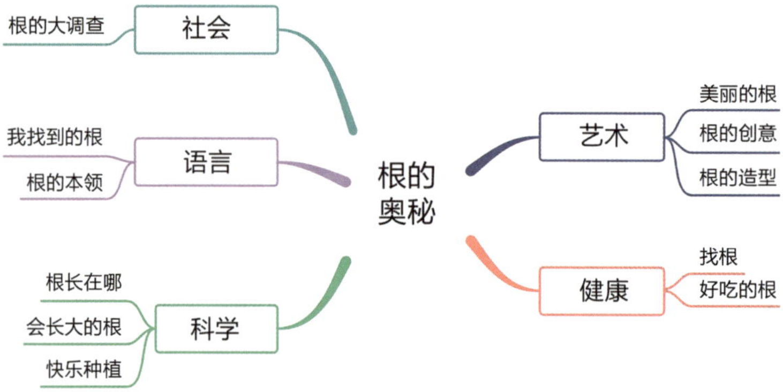

主题实施路径图

目标建议

目标建议

健康	1. 知道避开根部危险的地方进行观察、比较，有初步的自我保护意识 2. 帮助幼儿了解根靠什么吸收水分（根尖），知道根和人类有密切的关系
语言	1. 乐意与教师、同伴或其他人交谈，体验语言交流的乐趣，学习使用适当的、礼貌的语言进行交往 2. 能大胆、清楚地表达自己找到的各种根的发现，耐心倾听同伴的发言，有良好的倾听能力 3. 能大胆完整地描述探究过程，并用自己喜欢的方式进行记录
社会	1. 愿意参加“寻找根”的集体活动，体验与教师、同伴等共同生活的乐趣，养成对他人、社会和谐亲近，并与之合作的态度，学习初步的人际交往技巧 2. 能自主地选择、安排活动，并通过多方面的努力解决问题，懂得不轻易放弃，敢于克服困难 3. 了解树木的根有防止泥土流失的功用，知道乱砍乱伐树木给人类带来的危害
科学	1. 能感知发现动植物的生长变化及生长基本条件，能运用多种感官探究问题 2. 通过看一看、摸一摸、分一分等比较根的不同形态，知道根长在哪里 3. 了解根为什么会发蔫了，尝试探索让植物的根长出来的方法 4. 在探索活动中了解根吸收水分的途径，知道根与人类有密切的关系 5. 积极参加小组讨论、探索等活动，有合作学习的意识和习惯，学习用多种方式交流、表现、分享探索的过程和结果 6. 结合生活经验，帮助幼儿了解自然、环境与人类生活的关系，培养初步的环保意识和行为
艺术	1. 乐意用不同的艺术形式大胆地表达自己的情感、理解和想象，有自己独特的想法和创造 2. 在欣赏植物的根时，关注其色彩、形态等特征 3. 利用身边的物品进行植物根的艺术创作 4. 乐意展示自己的作品，能相互交流、相互欣赏、共同进步 5. 能从多角度观察树根的外形，运用切、接、拼等方法大胆创作造型，尝试在树根上进行立体彩绘

问题情境预设

幼儿的问题

1. 这棵树的根埋得深吗？
2. 幼儿园长廊里一条条长长垂下来的是根吗？为什么它不长在泥土里呢？
3. 为什么有些根是长长的，有些是短短的？
4. 这些植物身上为什么会有一条条像胡须的东西，这到底是什么？
5. 根是长在哪里的？
6. 植物的根有什么作用呢？
7. 根雕很美，是用什么雕刻的？
8. 根发生了什么变化？根为什么会发蔫了？可以用什么办法让根活起来？

教师的问题

1. 你看过哪些植物的根？根是长在哪里的？长得怎样？
2. 大树的根本领真大，我们要怎么爱护它？
3. 植物的根可以吃吗？哪些根是可以吃的？

活动开展建议

活动一：根长在哪里？

【活动目标】

1. 在寻找过程中对植物的根产生浓厚的兴趣，有探究的欲望。

2. 能较完整地表达自己对各种根的发现，能耐心倾听同伴的发言，并能大胆与他人分享。

3. 通过寻找根的过程了解根的秘密，获得一些关于根的基本常识，并能通过看一看、摸一摸、分一分等比较根的不同形态，知道根长在哪里。

【活动准备】

经验准备：周末和爸爸妈妈一起寻找、了解植物的根以及生长环境，共同设计关于根的调查记录表。

物质准备：一些植物的根的图片、绘本，小铲子、小锄头、放大镜、花洒等寻根工具。

幼儿园里找根

【活动过程】

一、幼儿园里寻找植物的根，自主观察并记录

师：现在我们找找哪里有根，根又是怎么样的吧。

奇妙的根

二、自主观察，发现各种根的不同特征

1. 幼儿自主观察，教师巡回观察及指导。

师：请你和好朋友看看、摸摸我们找到的根是长什么样子的，你觉得它像什么？

2. 教师到小组中提问并引导。

师：你找到的根是在哪里？为什么有些根是长长的，有些是短短的？

三、“奇妙的根”分享会

师：小朋友都看到了各种不一样的根，谁愿意来分享自己的发现？

师：你最喜欢哪种植物的根？为什么？你觉得它像什么？有什么特别的地方？

四、植物的根长在哪里？

1. 教师帮助幼儿进行总结。

师：根是长在哪里的？

2. 幼儿对各种根进行分类。

师：请你尝试把根分一分，看看根可以怎样分类？

3. 幼儿分享自己的分类方法。

师：你是怎样分类的？说说你的发现。

小结：植物都有根。不同的植物根也不一样的，有的长长的、有的短短的，有的细细的、有的又大又粗；有的长在土里，有的长在水里，有的长在空气里。

活动二：根有什么作用？

【活动目标】

1. 在分一分、尝一尝的体验活动中，知道有些根是可以食用的，感受根的不同特性。

2. 了解树木的根有防止泥土流失的功用，知道乱砍乱伐树木给人类带来的危害。

3. 在探索活动中了解根有蓄水、吸水、固水等作用，知道根与人类有密切的关系。

【活动准备】

经验准备：活动前与爸爸妈妈找找哪些植物的根能吃，简单了解根的功用。

物质准备：

(1) “山洪暴发”的录像。

(2) 玻璃缸、花盆、水、泥土、杯子、毛巾。

(3) 收集各种植物的根，如菠菜、洋葱、葱、花生、番薯、萝卜、芹菜等。

【活动过程】

一、观看录像，了解洪水的危害，讨论根的作用

1. 观看“山洪暴发”的录像，师幼共同讨论根的作用。

师：当下大雨时，山上植物的根有什么作用？（防止山洪）植物的根还有什么作用呢？

师：春天时，植物的根有什么作用？（吸水）秋天，雨水少时，为什么山上还有溪水长流呢？（放水）台风吹时，树为什么没有倒下？树木的根起到什么作用？（固定）

师：有些植物的根是可以吃的，你知道哪些植物的根是可以吃的吗？

2. 小结：我们知道树根的作用可厉害啦，它可以吸水、防止山洪，可以放水，可以固定沙土，还可以吃。所以大家不能乱砍乱伐树木，要爱护树林里的一根一木。

二、讨论：可以吃的根及其功用

1. 出示各种蔬菜的根，如红萝卜、番薯、洋葱、莲藕、葱、蒜、芹菜等，说出其名称。

2. 讨论：这些是根吗？都能吃吗？有什么作用？

3. 出示各种中药的根，讨论其功用。

师：你见过这些根吗？在哪里见过？有什么用处呢？（中药可以给我们调理身体和治病）

小结：今天我们知道了植物的根是多种多样的，而且还知道它们的作用。所以小朋友们要爱护花草树木、蔬菜等，平时不能去破坏它们，我们要好好保护它们。

可以吃的根

中草药的根

【家庭亲子活动】

共同制订计划表

活动目标	活动准备	活动内容	注意事项
1. 了解不同的根的神奇作用，并学会对自制的图书进行归类排版 2. 根据图书的基本构造（封面、封底、内页）掌握自制图书的基本步骤 3. 通过图书制作，提高动手操作能力、想象力和创造力	1. 卡纸、纸皮、水彩笔、油性笔、胶水、双面胶、剪刀、订书机等工具材料 2. 提前收集到的关于根的作用的各种资料	1. 在活动前家长与幼儿一起通过实地考察、网上查阅、采访专业人员等方法收集各种关于“根”的作用的资料 2. 活动开始时，一起通过翻阅其他图书了解图书的基本结构：封面、封底、内页等，并商量制作图书的基本步骤 3. 一起对收集到的“根”的作用进行梳理并归类，并商量决定图书封面、内页以及封底里面的内容 4. 家长与幼儿一起通过画、剪、粘贴、装订等方法，选取适合的材料自由制作小图书	1. 在收集资料、整理归类的过程中，家长应选择适合幼儿年龄特点的、容易理解的内容，引导幼儿在理解的基础上自主进行梳理 2. 在制作小图书的过程中，家长注意引导幼儿安全使用剪刀、订书机等工具 3. 制作过程中，家长应多鼓励幼儿自己动手操作，鼓励幼儿多次尝试，家长从旁辅助

活动三：根活起来了

【活动目标】

1. 养成敢于实践、大胆设想与探索的态度。
2. 了解根为什么会发蔫了，尝试探索让植物的根长出来。
3. 乐意与同伴合作，提高实验操作能力。

【活动准备】

经验准备：观察、了解过根的发蔫现象，尝试过把发蔫的植物的根养活，并做好了亲子记录。

物质准备：发蔫了的植物的根、植物的断枝、塑料瓶子、沙、泥土、海绵等。

【活动过程】

一、出示植物的根，引发思考

师：上周我们收集回来的根放在科学区，根发生了什么变化？

师：根为什么会发蔫了？

二、讨论：如何让根长起来？

1. 教师提出疑问：发蔫了的根还可以用来做什么？你有什么好办法？
2. 幼儿自由分组讨论。

师：请你和好朋友讨论，可以用什么办法让根活起来？

3. 师幼交流自己的猜想。

师：谁想到了好办法让根活起来？你准备怎样让根活起来？（可以种回泥土里，再浇点水；可以用水泡着根；可以给根洒点水；可以放在没有太阳晒的地方……）

把根种回泥土里

蒜头的根长出来了

三、自主小实验：让根活起来

1. 幼儿分小组自主进行猜想实验。

师：刚才你们都和好朋友想到了很多让植物的根长出来的好办法，请你和同伴一起试试吧。

2. 幼儿做实验，教师巡回指导。

四、分享与总结

1. 师：我们按照自己的方法把植物种起来了，大概几天会长根呢？你和爸爸妈妈尝试过种植植物吗？用了什么方法种植？长得怎样？
2. 幼儿结合亲子合作的记录情况，分享自己的种植发现。

活动四：根雕的故事

【活动目标】

1. 通过故事了解根雕的意义，感受根雕的美。
2. 发挥想象力给树根取名，能大胆表述故事的主要内容。
3. 在欣赏作品过程中感受、比较根雕与树根的不同。

【活动准备】

经验准备：幼儿看过一些根雕艺术品，如茶艺家具摆件等。

物质准备：故事《死树根变成活生命，就是根雕艺术》、根雕的视频和 PPT、根雕实物、图片若干、照相机。

【活动过程】

一、欣赏根雕，观察根雕作品

师：这是什么？用什么雕刻的？你觉得它像什么？好看吗？美在哪里？请你观察、比较根雕与树根有什么不同的地方。

二、听故事，感受根雕艺术

师：今天，老师带来了一个有关树根的故事，名字叫《死树根变成活生命，就是树根艺术》。

根雕作品

师：没有用的树根在一般人看来只能做柴火，在陈锡峰老爷爷手里会变成什么？（根雕艺术品）

师：他有一个什么习惯？（每到一个地方，都要去寻找树根和树枝，然后带回家精心构思、细心打磨。）

师：几年下来，陈锡峰老爷爷倾注心血，创作出多少根雕作品？（100 多件）你最喜欢哪件根雕作品？为什么？

三、师幼小结：根雕的艺术文化

小结：陈爷爷通过自己的智慧，利用树根（包括树身、树瘤、竹根）等制作出人物、动物、器物等艺术形象作品，这也是我们中国特有的一门艺术，我们应该为自己的祖国觉得骄傲！

四、播放视频和 PPT，进一步欣赏根雕

1. 出示一些有趣的根雕和图片，一起边欣赏边说说它像什么。
2. 讨论并试试给根雕起个好听的名字。
3. 观察、比较根雕与树根的不同之处。

小结：根雕是以树根（包括树身、树瘤、竹根等）的自然形状为艺术创作对象，通过想象、艺术加工及艺术处理，创作出人物、动物、器物等艺术形象作品。根雕艺术在我国源远流长的文化艺术之河中，是一门有鲜明风格并独具个性的艺术，供大家欣赏。

五、与根雕合照

师：今天，老师当摄影师给小朋友和奇妙的根雕一起留个影吧！找到你最喜欢的根雕作品，继续欣赏（教师帮助孩子拍照），说说你喜欢的根雕独特的美。

活动五：树根创意彩绘

【活动目标】

1. 欣赏生活中色彩鲜艳、创意独特的树根彩绘和造型，感受树根的色彩美和无限创意的造型美。

2. 能从多角度观察树根外形，运用切、接、拼等方法，大胆想象创作根的造型，尝试在树根上进行立体彩绘。

3. 在活动中尝试自主解决操作过程中出现的一些问题。

【活动准备】

经验准备：亲子共同收集的形态各异的小树根若干。

物质准备：已洗、晒干净的各种树根，各种颜色的丙烯颜料，水彩笔、油性笔、塑料刀、垫板、橡皮泥、牙签、彩色纸、剪刀等。

【活动过程】

一、观察感知各种形态的树根

1. 幼儿自由观察。

师：这些是什么？我们来观察一下树根像什么。

2. 引导幼儿自由摆弄。

师：从树根的各个方向看看，树根像什么，可以拼搭成什么东西。

二、幼儿自主进行树根彩绘创作

1. 交代操作要求。

(1) 先商量后分工，合作完成。

(2) 注意颜色的搭配及创作的清洁卫生。

树根彩绘

2. 幼儿操作，教师指导。

A 组：树根拼搭。

B 组：树根彩绘。

C 组：树根组合创作。

三、开展树根作品展览会,鼓励幼儿大胆分享表达

1. 给装饰好的树根作品取个好听的名字。

2. 向同伴互相介绍"我的树根作品"。

3. 展示作品,保存、收藏作品供幼儿日常欣赏。

活动六:蔬菜的根大变身

【活动目标】

1. 观察蔬菜的根的形态、颜色,感受其形态美。

2. 运用切、接、拼等方法,大胆创作奇妙的蔬菜造型作品。

3. 能发现生活中的美,敢于表达自己的想法。

【活动准备】

经验准备:幼儿已简单了解过常见蔬菜的根,如番薯、胡萝卜等。

物质准备:PPT 课件"奇妙的蔬菜造型",丰富的、形态各异的新鲜蔬菜,塑料刀、垫板、橡皮泥、牙签、彩色纸、剪刀等。

【活动过程】

一、欣赏"奇妙的蔬菜造型"

1. 观察各种蔬菜的根。

师:今天,我们来欣赏一些特别的作品,看看它是用什么来做的。

2. 师幼共同讨论。

师:原来蔬菜的根这么厉害!你最喜欢哪个作品?觉得这些作品怎么样?

二、出示实物,激发创作兴趣

1. 观察各类蔬菜根的形态。

师:看看这些蔬菜根,你觉得它像什么?看一看、想一想、比一比,如果用两棵蔬菜的根拼在一起,能做什么造型?可以用什么方法把不同蔬菜的根组合在一起,变成一个奇特好看的作品?

2. 幼儿尝试摆拼蔬菜根。

三、幼儿自由进行蔬菜根的造型创作

1. 幼儿自主创作,教师巡回指导。

2. 引导幼儿用切、接、拼等方法,创作自己喜爱的作品。

四、展示作品并分享交流

师:"蔬菜的根大变身"展览会开始啦!大家快来看呀,你最喜欢哪幅作品?为什么?

【区域活动】

区域活动创设参考表

区域名称	内容	材料投放	操作建议	指导建议
语言区	《根的秘密》小图书	亲子制作小图书《根的秘密》	幼儿可和同伴一起阅读小图书,看看植物的根有什么不同	引导幼儿在阅读过程中用"这是……根,它长在……"等语句向同伴介绍

（续表）

区域名称	内容	材料投放	操作建议	指导建议
	根的本领真大	各种根的作用的图片	幼儿通过图片，知道根有蓄水、吸水、固水等作用	引导幼儿初步理解、感知树木有防止泥土流失的功用，知道乱砍乱伐树木给人类带来的危害
	根的小故事	提供关于根的绘本、连环画	师幼共读或者幼儿自主阅读绘本，续编《根宝宝的故事》	在阅读过程中，教师引导幼儿细致地观察画面，理解图意，鼓励幼儿与同伴交流阅读感受
美工区	根的大变身	水粉颜料、轻黏土等	幼儿运用各种颜料和工具材料进行根的创意造型	引导幼儿和同伴进行制作，鼓励幼儿创造出不同根的造型，并用自己的语言表达出来
	美丽的根	多种颜料、画笔、水桶等	幼儿在树根上进行立体彩绘	引导幼儿在彩绘过程中均匀涂色，并用不同的颜色进行彩绘
科学区	我们来比比看	长短、形态各异的根	幼儿和同伴一起观察、比较根的不同	引导幼儿一边观察一边做记录，注重探究各种根的不同
	我会把根送回家	根的配对学具	幼儿通过观察根，辨别是属于哪种植物的根，并记录下来	引导幼儿发挥想象，认真观察，学会和同伴一起分工合作，边操作边表述“这是……的根”

中班：农产品大发现①

主题活动核心理念

《纲要》中指出：“充分利用自然环境和社区教育资源，扩展幼儿生活和学习的空间。”儿童是在真实的生活世界中，通过感受与体验获得各方面发展的，越是贴近幼儿生活的、具有感性的资源，就越具有教育的价值。

我们的家乡——从化，资源丰富，土壤肥沃，种出来的农产品特别好吃。可是，孩子们对自己家乡出产的农产品并没有深刻、系统的了解。于是，我们通过“农产品大发现”这个主题，让孩子们了解家乡的农产品，引导他们感受家乡农产品的丰富与优质，激发他们热爱家乡的情感，以达到开阔眼界和丰富经历的目的，促进孩子全面和谐发展。

① 由欧阳宝仪、李秀珍撰写。

来源与经验

一天早上，梓航得意洋洋地跟大家说："周末我回老家了，哈哈，我们老家种植的东西大丰收，太棒了！"他还带来了一大袋子大芥菜，高兴地对我说："老师，我带来了一些大芥菜，我在老家吕田种的，那里有很多很多的大芥菜，长得绿油油的，这是农民伯伯种的农产品呢。""对，我也知道我们家乡有许多农产品，粉葛、柿子、红葱头、高山番薯……"一提到自己的家乡，孩子们倍感骄傲，一连串说了很多从化的农产品。其他小朋友也叽叽喳喳跟着说："高山番薯很有营养，我喜欢吃高山番薯。"还有的说："良口空气好，种出来的番薯很好吃，有甜的、粉粉的、软软的，长得不一样，有大有小，有的皮是红的，有的皮是淡黄的……"我们及时地抓住孩子感兴趣的话题，开展了"农产品大发现"这个主题活动，旨在通过活动让孩子了解更多的农产品，萌发热爱家乡农产品的情感。

基于幼儿的兴趣及其发展需要，从幼儿的视角出发，教师们共同商讨并设计了主题的实施路径。

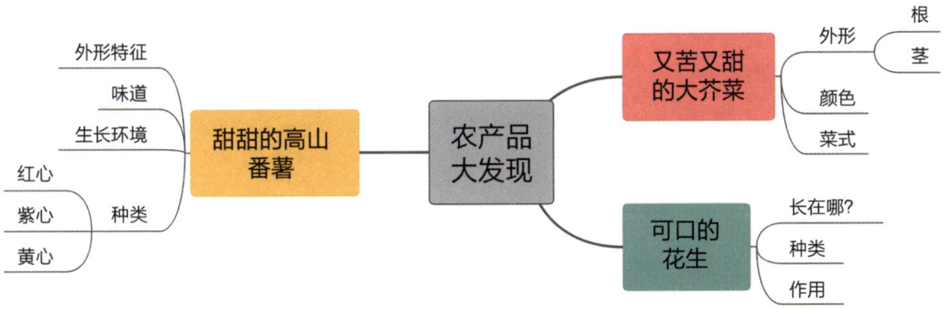

主题实施路径图

目标建议

目标建议

健康	1. 知道必要的饮食安全、保健常识，不吃过期、发霉食品，学会保护自己 2. 认识家乡农产品的名称、种类及特点，做到不偏食、不挑食，培养健康饮食的良好习惯
语言	1. 能用完整的语句介绍、推广家乡的特产，大方地与同伴分享自己的感受 2. 乐意参加番薯美食制作活动，乐意与同伴分享制作过程 3. 通过看看、摸摸、说说、尝尝等方式让幼儿了解从化农产品的品种和特色，并能较清楚地说出自己喜欢的理由，提高语言表达能力及自信心
社会	1. 对农产品产生兴趣，为家乡的农业发展感到自豪，从而萌发热爱家乡的情感 2. 体验制作美食的乐趣，学会与同伴合作商讨，愿意接受同伴的意见和建议 3. 感受食物来之不易，懂得要珍惜粮食、不挑食

（续表）

科学	1. 能自主地发现、探索家乡农产品的品种、烹调方法、种植技巧及与人们的关系，丰富相关的知识经验 2. 乐意参与探索花生、大芥菜、红葱头、番薯等农产品的秘密，提高动手操作能力和探究欲望，体验探索带来的乐趣，激发对从化农产品的探索热情 3. 尝试了解从化出产多种农优产品的原因，并大胆尝试种植 4. 愿意用图画、数字、图表和其他符号进行记录，表征自己喜欢的菜式
艺术	1. 能用歌唱的方式介绍、推广家乡的特产，如歌曲《卖荔枝》 2. 会用绘画、捏泥、手工制作等多种方式表现“我设计的菜式”“我制作的番薯美食”等 3. 喜欢参加艺术活动，感知不同农产品的颜色、形状，并运用点、线、面和色彩大胆地表现创造

问题情境预设

幼儿的问题

1. 从化农产品究竟有哪些？
2. 农产品都是长在泥土里吗？
3. 大家吃过什么农产品？味道怎样？
4. 剥葱头，为什么会流眼泪呢？
5. 高山番薯有什么品种呢？高山番薯为什么这么好吃？
6. 番薯是怎样长大的？
7. 好吃的番薯饼怎么做？
8. 花生有什么秘密？每一颗花生里的花生仁数量一样吗？

教师的问题

1. 小朋友们吃过什么从化农产品？它产自哪个地方？味道怎样？
2. 哪种农产品最特别？
3. 农产品有什么用处？
4. 用从化农产品做菜美味极了，可以做什么菜呢？

活动开展建议

活动一：家乡农产品大家族

【活动目标】

1. 知道从化是广州的一部分，有三街五镇的风景和丰富的农产品。

2. 积极和同伴分享交流自己收集的农产品资料。

3. 活动中增进对家乡农产品的了解，为家乡的农业发展感到自豪。

【活动准备】

经验准备：

（1）收集广州和从化地图，有关从化美食的宣传手册和相关资料，了解从化美食的种类、产地。

（2）利用双休日与爸爸妈妈一起走进乡村询问当地农民所种的产品有什么优点、特色，对从化农产品进行调查。

物质准备：

（1）收集不同品种的农产品并带回幼儿园；

（2）亲子共同设计的“从化农产品”调查表，不同镇街及对应农产品的图片与标识。

【活动过程】

一、通过地图引导幼儿了解从化的地理位置

1. 师幼一起观看广州地图：从化在地图上的哪个位置？能找到吗？

2.（打开从化地图）师：从化有三街五镇，它们分别在地图上的什么地方？地图上每个镇街又有什么独特的风景或农家乐？

小结：从化位于广州的北部，有着独特的风景，盛产许多农产品，也有特别多的农家乐，如鳌头镇的绿色家园农庄、城郊街的田心生态农庄、城郊街绿色家园农庄等。

二、师幼共同了解从化的家乡农产品

1. 分小组讨论各自收集的家乡农产品资料。

师：你和爸爸妈妈收集到的是什么？来自哪个街镇的？大概什么时候种植、什么时候收获？有什么特别的地方？这种农产品怎么吃……

小组讨论农产品

2. 鼓励幼儿大胆在同伴面前分享，教师归类展示。

（1）教师总结幼儿的分享，并出示相关农产品的图片或简单的绘画表征。

（2）按不同的街镇对应盛产的农产品归类。例如：吕田镇——大芥菜——冬天收获——菜梗大、爽甜；良口镇——高山番薯——冬天收获——品种多、又香又甜；鳌头镇民乐——粉葛——冬天收获——粉嫩无渣；江浦街上罗村——红柿——秋天收获——鲜甜无核……

【家庭亲子活动】

共同制订计划表

活动目标	活动准备	活动内容	注意事项
1. 通过实地观察初步了解农产品的种植地，以及出产的农产品 2. 观察、发现各农产品的特征、种植条件等，乐意与家人分享对农产品的认识 3. 愿意用自己的方式统计农产品的种植地及农产品种类	1. 家长提前做好农产品种植地的联系工作 2. 观察、探索与农产品相关的工具、材料 3. 亲子提前设计好统计表	1. 亲子共同制作参观家乡农产品种植地的计划(出游路线、出游交通工具、出游用具等) 2. 亲子在种植地共同寻找、发现(访问)农产品的种类、特征，并做好记录(绘画、符号、照片、视频等) 3. 亲子回顾参观、寻找、发现农产品的过程，互相分享自己发现的秘密 4. 孩子用自己的方式统计农产品的种类，并制作好统计表 5. 与家人分享自己喜欢吃的农产品及农产品菜式、制品	1. 要做好出游安全措施，并与孩子共同商量出游的安全规则、注意事项 2. 孩子在探索农产品时，帮其做好记录(视频、照片)，便于孩子回想

活动二：大芥菜的秘密

【活动目标】

1. 对大芥菜产生兴趣，为自己家乡种植的大芥菜感到自豪。
2. 通过多种感官感知大芥菜的特征及好吃的原因。
3. 会与同伴分享自己探究的过程。

【活动准备】

经验准备：家长已带幼儿到吕田镇了解过大芥菜，或到市场认识过大芥菜。

物质准备：自带大芥菜(从化本地出产的吕田大芥菜、普通芥菜)。

【活动过程】

一、谈话导入，区分芥菜

观察大芥菜

师：吃芥菜，营养健康身体棒！这些芥菜一样吗？你吃过哪种？有什么不同？

二、幼儿自主探索大芥菜的特征

1. 探索大芥菜的外形特征(幼儿自主探索从化本地出产的大芥菜和普通芥菜)，观察两种芥菜有什么相同与不同的地方？(菜叶的大小、颜色、形状，甚至是吃起来的味道等)。

2. 幼儿分享自己的发现，说一说从化本地出产的吕田大芥菜与外地出产的芥菜的外形特征和不同之处。

小结：从化吕田大芥菜霜冻芥菜王每棵高达 1 米左右，叶大茎粗，颜色鲜绿，大约有普通芥菜的三倍之大，吃起来没有丝毫苦味，爽甜嫩滑，非常美味。

三、了解吕田大芥菜如此好吃的原因

1. 幼儿通过多种途径查找、了解从化吕田的地势图片，结伴讨论吕田大芥菜好吃的原因。

2. 小结：吕田镇位于广州市从化区北部山区，海拔高、气温比市区低，每年冬季时常伴有霜降，这也正是品尝吕田大芥菜的最佳时节。特别是遇到霜冻天气，会将芥菜的苦涩味道变淡，吃起来更加爽甜可口。所以，每年的吕田美食节里，吕田大芥菜是必不可少的美食之一。

【家庭亲子活动】

共同制订计划表

活动目标	活动准备	活动内容	注意事项
1. 了解种植、照料大芥菜的基本方法 2. 能关注大芥菜的明显变化，感知植物变化的特征，并尝试用简单的方式记录自己的发现 3. 在种植过程中能积极参与种植、照料大芥菜，感受新奇与喜悦，有成功感	1. 种植大芥菜的工具：花盆、铲子、耙子 2. 收集比较大棵的大芥菜 3. 亲子观察记录表、笔	1. 在活动前家长可提前与幼儿一起查询相关的资料，了解种植大芥菜的方法、种植的工具，以及工具如何使用等 2. 活动开始时，家长引导幼儿自己动手种植大芥菜：松土、挖坑、种植、填土、浇水等 3. 家长鼓励幼儿坚持每天照料大芥菜：浇水、施肥、除草等，后期需要及时移植、科学施肥 4. 家长与幼儿一起观察大芥菜的生长情况，并让幼儿尝试用简单的方式记录自己的发现	1. 在查询资料过程中，家长尽量用简单明了的语言引导幼儿了解种植大芥菜的方法、所使用的工具等 2. 在种植大芥菜的时候，家长应注意引导幼儿运用正确的方法种植，长到约 15 厘米时要及时移植 3. 除了幼儿自己的记录，家长需要结合幼儿的简单记录加以详细说明

活动三：分享大芥菜菜式

【活动目标】

1. 愿意与同伴一起分享自己的劳动成果，体验分享的快乐。

2. 通过分享，知道家乡大芥菜菜式是多种多样的。

3. 懂得食物的制作需要付出辛劳，萌发珍惜食物的环保意识。

【活动准备】

经验准备：亲子在家里制作大芥菜菜式。

物质准备：亲子制作大芥菜菜式，并拍照将相片带到幼儿园；大芥菜菜式的相关图片。

【活动过程】

一、谈话：美味的大芥菜菜式

1. 导入：从化吕田大芥菜又出名又好吃，你吃过什么大芥菜菜式？哪种好吃？为什么好吃？

2. 幼儿自主分享自己在家烹调的大芥菜菜式。

师：你在家里吃过大芥菜吗？你吃过的大芥菜是怎么煮的？用了哪些材料煮的？

3. 集中分享大芥菜菜式以及菜式特色之处。

小结：原来大芥菜菜式有很多，有芥菜腊肉煲、番薯芥菜汤、蒜蓉炒芥菜、上汤芥菜、腌芥菜、咸蛋芥菜肉片汤、水灼芥菜……（根据幼儿所说的进行图片展示）

二、小组自主分享大芥菜菜式

1. 分享自己制作的大芥菜菜式。

师：你做了什么菜式？你是怎么做的？用了什么材料呢？

2. 小结：我们家乡的大芥菜美味可口又有营养，可以做出许多好吃的菜式，我们吃了身体一定会长得棒棒的。

活动四：说说高山番薯

【活动目标】

1. 向同伴介绍各种高山番薯的秘密，体验探索与分享的乐趣。

2. 通过互相分享，进一步了解高山番薯的种类、特点和生长环境。

3. 在分享过程中发展语言表达能力和倾听能力。

【活动准备】

经验准备：孩子们都吃过高山番薯，对高山番薯的特点有一定的了解；亲子设计从化高山番薯的调查表。

物质准备：展示高山番薯外部特征和内部特征的图片若干。

【活动过程】

一、回忆高山番薯节

师：在高山番薯节里，你看到了什么？有哪些热闹的情景？

二、说说对高山番薯的调查

1. 幼儿互相介绍自己的调查情况，教师倾听并发现其中的亮点。

师：请你介绍一下你调查到的高山番薯的秘密。

2. 请个别幼儿向大家介绍自己的发现。

师：经过这次调查，你发现了高山番薯有什么有趣的地方呢？

3. 幼儿自主观察番薯，进一步了解高山番薯的外形特征和内部特征。

师：这些番薯是什么样子的？看起来像什么？剥开皮后里面又是怎样的？中间又是怎样的？

自主观察番薯

三、讨论番薯的品种

师：你们看到番薯的品种都是一样的吗？它们看起来有什么不一样的地方呢？你还见过哪些品种的番薯呢？

小结：不同品种的番薯外形、大小、颜色都不一样。番薯的品种主要有白心薯、黄心薯、紫心薯、花心薯、一品红薯、其中紫心薯又称“蜂蜜味”番薯；吃上去粉香可口，细嚼时有甘甜的蜂蜜味；白心薯又称“栗子番薯”，风味像栗子般粉糯香甜。

活动五：好吃的番薯

【活动目标】

1. 品尝各种番薯美食，体验美食的不同风味。
2. 了解番薯的营养价值，懂得吃适量的番薯对身体有好处。
3. 提高语言表达能力和分析能力。

【活动准备】

经验准备：幼儿曾吃过从化本地几个品种的番薯。

物质准备：家长与幼儿在家制作各种番薯美食、点心，并带到幼儿园来；自制的奖牌若干、课件“番薯美食”；一次性手套、筛子、桌布等；介绍番薯营养价值的图片和视频。

【活动过程】

一、欣赏课件“番薯美食”

师：说说你发现的番薯美食，你吃过哪几种？

小结：番薯美食有很多种，如番薯饼、番薯糍粑、番薯糖水、番薯干、红薯丸子、拔丝地瓜、芝士焗番薯……

二、番薯点心美食分享会

师：你带回来了什么番薯美食呢？我们拿出来一起分享吧。

三、介绍自带番薯美食的原料、做法和味道

师：说说你带回来的美食是用什么做的？怎么做呢？吃起来味道如何？

四、品尝并评选出最具创意奖、最美味奖

师：品尝过后，你最喜欢哪一份呢？为什么？你觉得哪一份的味道最好呢？

五、了解番薯的营养价值

1. 幼儿自由讨论番薯的营养价值。

师：吃番薯对我们的身体有什么好处呢？

小结：多吃番薯对我们的身体有很多好处，可以长身体、通大便，还可以增强抵抗力，不容易生病。

2. 观看视频，了解番薯吃多了对我们的身体造成的影响。

3. 小结：番薯很有营养，要科学吃番薯；我们要经常吃番薯，但一次不能吃太多，吃太多会造成打嗝、放屁、胃胀等。

活动六：花生的秘密

【活动目标】

1. 乐于与他人分享，激发探索花生的兴趣。
2. 能运用多种感官，感知、探索花生的特征和了解花生的品种。
3. 尝试简单地分类摆放花生，发展观察力和语言表达能力。

【活动准备】

经验准备：对种植园的花生和各种蔬菜有一定的认识。

自主探索花生的特征

物质准备：不同颜色的花生、篮子若干。

【活动过程】

一、带幼儿到种植园，引发探索花生的兴趣

师：幼儿园的种植园里种了好多花生呢，我们一起去看看吧。花生是长什么样子的？它的叶子是什么形状的？猜一猜，花生的果实是长在哪里的呢？

二、探索花生的秘密

1. 运用多种感官探索花生的特征。

师：请你看一看、摸一摸、闻一闻，看看花生的外形是怎样的？像什么呢？剥开以后里面又是怎样的？是不是每一粒花生都是一样呢？

2. 幼儿分享花生的秘密。

师：请你跟身边的好朋友说一说你发现的花生的秘密。

三、师幼共同创设花生专卖店，引导幼儿把花生进行简单分类、摆放

1. 讨论花生专卖店摆设的方法。

师：如果我们要开一家花生专卖店，你觉得应该怎样布置呢？花生要放在哪里？是全都放在一起，还是分开摆放呢？要怎样摆放才整齐有条理？

2. 分享交流。

3. 幼儿结伴操作，教师巡回观察、指导。

4. 幼儿互相观摩，评选出摆放最整齐的、最有条理的一组。

【区域活动】

区域活动创设参考表

区域名称	内容	材料投放	操作建议	指导建议
语言区	丰富的农优产品	家乡农优产品的宣传资料、图片、传说故事、图书等	幼儿自主翻阅宣传资料、图书，或向同伴介绍农产品的故事，让同伴对农优产品有进一步的认识，知道有丰富多样的农优产品	引导幼儿了解从化农优产品的品种和特色，并用完整的语句介绍、推广家乡的特产，发展语言表达能力和倾听能力
	番薯是这样长大的	“番薯长大”的自制小图书	幼儿自主分享、讲述番薯生长的过程，并知道有不同种类的番薯，如颜色、味道等不同	引导幼儿通过多种方式了解番薯，如尝一尝、闻一闻等，提高自信心及语言表达能力
美工区	瞧瞧我们的农优产品	海绵、纸筒、轻黏土等材料	幼儿利用各种材料制作各种农优产品，大胆地创作造型、运用色彩	鼓励幼儿自由发挥想象，大胆制作，勇于表达制作过程，并乐意与同伴分享

（续表）

区域名称	内容	材料投放	操作建议	指导建议
	我制作的农产品美食	轻黏土、橡皮泥、废旧报纸等	幼儿运用剪、贴、撕、折纸等方法制作大芥菜，用搓、捏、贴等方法制作番薯和花生	引导幼儿制作不同品种、颜色的番薯、花生、大芥菜，体验制作过程的欢乐
	农优产品大创作	报纸、橡皮泥、泡沫绵以及实物红葱头、蒜头、大芥菜等	幼儿可用材料自主写生、绘画农优产品，大胆创作丰富的画面	在写生、绘画过程中，教师可添加一些丰富的图片，供幼儿学习
角色区	超市大买卖	番薯、花生、葱头、大芥菜、蒜头、秤、购物袋、碗等	幼儿根据提供的家乡农优产品进行买卖游戏，会说出农优产品的名称、价格、产地、优点、特点等	引导幼儿在买卖过程中大胆地推介自己家乡的农优产品，在交流和分享中增进对家乡农优产品的了解和热爱之情
科学区	农优产品分一分	各种农优产品实物	幼儿以多种感官进行认知、比较、分类，并做好记录，可以和同伴一起分工、合作游戏	引导幼儿参与探索花生、芥菜、番薯的秘密，提高动手操作能力和探究的欲望，体验探索带来的乐趣，激发对从化家乡农优产品的探究欲望
数学区	农优产品大作战	家乡各种农优产品	幼儿自主探索，积极参与“农优产品比重量、比大小、美食排序、数豆豆”等活动	根据幼儿的操作实际与发展能力，循序渐进地投放农优产品，逐步加深操作难度，鼓励幼儿记录操作过程，并大胆地与同伴、老师分享记录结果

活动的记录与支持

以下是教师在开展主题活动中，支持幼儿主动学习的其中一个故事记录。

洋葱和红葱头一样吗？

“老师，我带了红葱头回来了。”梓航一大早就在教室门前兴奋地说。奇怪了，昨天梓航还把洋葱误认为是红葱头，今天却把红葱头带回来了。梓航一边说一边把红葱头放在观察区。

观察洋葱

早餐后，孩子们对大家带回的洋葱和红葱头都非常感兴趣，纷纷前来观察区，有的摸摸洋葱，有的摸摸红葱头，有的闻闻这个又闻闻那个，个个都像小侦探的样子。这时，何昊说：“看看我昨天带来的洋葱，个子长得都比你们的大。”这

剥洋葱

时，钧皓也得意地拿出他带来的洋葱，爱不释手地说："看看我的，它身上长着一层一层的皮，好像是穿了衣服。"梓航接过钧皓的话："我带的红葱头也是穿红色的衣服，但是它的个头比你的小，奶奶告诉我，红葱头和洋葱是不一样的。"突然，晓曈问："洋葱是在外国引进回来的吗?"大家都异口同声地回答："不是，洋葱的名字本来就是这么有趣呀!"何昊有新想法了："不如我们看看洋葱和红葱头里面有什么不一样吧。"晓曈说："好呀。"于是，他们把洋葱和红葱头的"衣服"一层一层地剥开。突然，何昊说："我的眼睛很不舒服，要流眼泪了。"说着用手揉了揉眼睛，结果眼泪流得更厉害，他说："这个洋葱的气味太难受了，让我的眼睛好不舒服呀。"晓曈说："哎呀，我的眼睛也很难受，要流泪啦。"何昊凑过去闻了闻，又试着舔了舔说："洋葱和红葱头剥皮越剥得多越会流泪，但是它们味道不一样，我剥的洋葱甜辣味较重，你剥的红葱头香味较大，所以不一样的。"其他孩子纷纷说出了自己吃过的从化美食"红葱头鸡"的经历："对呀，怪不得我们平时吃的'红葱头鸡'味道香香的……""你们看，我还知道红葱头一株能分生出许多株，而洋葱长到老还只是一株!"他们观察得越来越认真，获得了很多不一样的发现，能准确地把洋葱和红葱头区分开，非常棒。

【教师反思】

看到孩子自主学习的动力，能主动地把一些有趣的洋葱和红葱头带回来探究，通过不断地看看、摸摸、比比、闻闻、尝尝等多种感官以及结合生活经验探讨它们的特征、性质的异同，在实践中发现了洋葱和红葱头的许多秘密。梓航通过检验和集体讨论，意识到了自己昨天的错误认识，今天能正确地认识、区分洋葱和红葱头，带给大家许多学习的机会。更可贵的是，何昊和晓曈的好奇心在自己的实践中得到满足，也发现了洋葱和红葱头的本质区别。信息的共享让全班孩子都提起了探索的欲望，引发更多的思考与学习的空间，这一切探究痕迹与经历都在孩子们心中留下深刻的烙印，更让我看到了孩子们坚持主动探究、挑战自己和战胜困难的信心。接下来，我们成人应该追随孩子的学习兴趣与有价值的探究主题，提供适宜的环境与材料，满足孩子们的探究需求。

大班：家乡的荔枝[①]

主题活动核心理念

从化是著名的荔枝之乡，众所周知，从化荔枝素有"岭南佳果"的美誉。著名散文家杨朔的《荔枝蜜》脍炙人口，而苏东坡的诗句"日啖荔枝三百颗，不辞长做岭南人"更是令从化荔枝

① 由邓志娟、戚素贞撰写。

名扬天下。从化二幼拥有得天独厚的环境，各种水果树栽满园，孩子们对荔枝树又特别感兴趣。同时，《纲要》指出：“要引导幼儿接触周围环境和生活中美好的人、事、物，丰富他们的感性经验和审美情趣，激发他们表现美、创造美。”因此，我们认为，贴近幼儿生活的各种事物是非常好的教育资源，应让孩子们回归自然、回归生活。真实、丰富的体验，更利于幼儿在表现、表达、创造等方面能力的提高，同时也有利于培养孩子们热爱劳动人民，继而萌发爱乡情、思乡情和念乡情。

来源与经验

一次户外观察，我带领孩子们来到幼儿园的荔枝树下，孩子们围着开满荔枝花的荔枝树叽叽喳喳地说开了。翠翠说：“我老家有荔枝，爸爸说桂味是特别好吃、价钱比较贵的品种。”祖恺说：“我外婆家也有荔枝，有几十棵。”恒恒说：“老师，我们老家（从化区温泉镇）荔枝最多，到处都是！有槐枝、桂味、糯米糍……”蓝锋说：“我参加过荔枝节，可热闹了，有各种各样的荔枝，吃也吃不完……”孩子们兴高采烈地发表着自己的见解、想法，但孩子们更多表达的是围绕荔枝的几个常见品种，对其色、香、味、口感等的深入了解并不多。结合孩子们的兴趣点以及荔枝花盛开的季节，于是生成了“家乡的荔枝”这一主题活动。

基于幼儿的兴趣及其发展需要，从幼儿的视角出发，共同商讨并设计了主题实施路径。

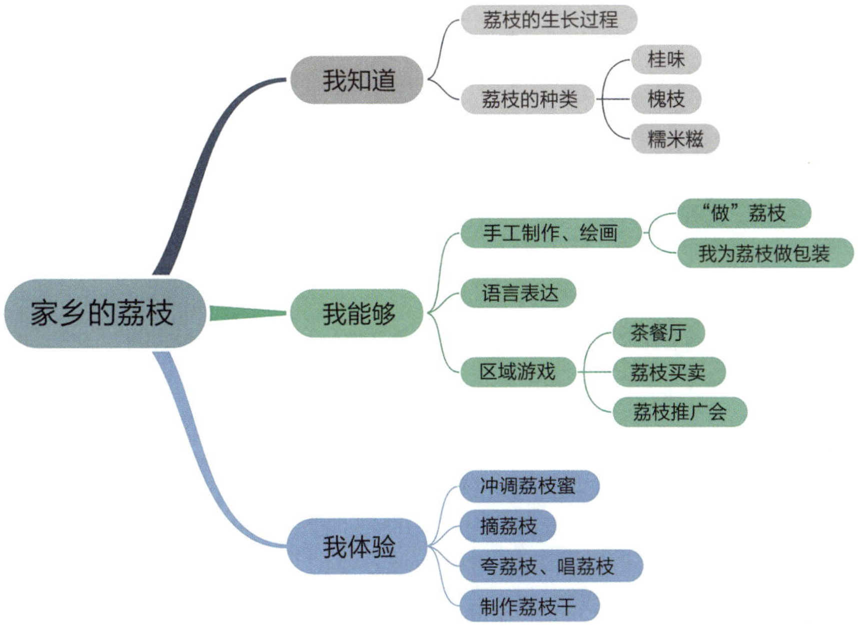

主题实施路径图

目标建议

目标建议

健康	1. 了解一定的防护知识，在采摘荔枝时，知道怎样保护荔枝树，遵守不爬树、不快跑等安全规则，提高自我保护能力 2. 喜欢吃新鲜水果，不挑食，养成健康的饮食习惯
语言	1. 能有序、连贯、清楚地表述、分享自己对荔枝的见闻 2. 围绕荔枝的色、香、味、形、盛产地、食用方法、保存方法等，通过不同的表达方式表达自己的见解，有良好的口语表达能力 3. 能积极运用赞美的语言推介从化荔枝，提升语言表达能力
社会	1. 对家乡荔枝感兴趣，乐于探索、了解、认识荔枝，感受丰收给人们带来的喜悦，为越来越美好的生活而感到高兴 2. 知道荔枝是从化的特产之一，在活动中萌发爱乡情、思乡情、念乡情的情感
科学	1. 在探索过程中乐于发现、思考、尝试，不怕困难，有良好的科学探索态度和精神 2. 了解荔枝的生长过程，知道荔枝生长与空气、阳光、温度和水有关系，尝试参与种植荔枝 3. 在活动中积累丰富的生活经验，懂得珍惜劳动成果，提高发现问题、解决问题的能力
艺术	1. 大胆选择材料，运用不同的工具与创作方式，表现形态各异的荔枝，养成细心观察、做事认真的态度 2. 积极参与活动，乐意在唱、跳、画中表现对荔枝的认知与喜爱

问题情境预设

幼儿的问题

1. 荔枝树为什么会越长越大、越长越高呢？
2. 荔枝是怎样长出来的？它是怎样生长的？
3. 为什么会有荔枝蜜，荔枝蜜可以喝吗？
4. 荔枝有哪些品种？为什么大人们总是说“不能多吃荔枝”？
5. 吃不完的荔枝怎样保鲜？还可以用来干什么呢？
6. 为什么从化的荔枝这么出名？
7. 荔枝干是怎样做成的呢？为什么它会变成褐色？

教师的问题

1. 荔枝的生长是一个漫长的过程，生长过程中的每一个阶段会发生不同的变化，在什么时机观察好呢？怎样观察才能不错过每个阶段的生长变化呢？
2. 你吃过什么品种的荔枝？是哪个（家乡）产地的？同一个品种但产地不同的荔枝一样吗？
3. 不同品种的荔枝有不同的口感，怎样区别呢？在外形特征、口感上有什么不同？
4. 荔枝干自然晾晒的过程需要时间长，要注意些什么？

活动开展建议

活动一：荔枝树开花了

【活动目标】

1. 对荔枝树开花感兴趣并喜欢观察，能表达自己的感受。

2. 能围绕“荔枝花开”的话题，认真细致地观察荔枝花的形态特征，并能较完整清晰地表述自己的发现与见解。

3. 尝试以写生的方式表现荔枝树独特的外形美。

【活动准备】

经验准备：有观察过荔枝的经验，以及初步的户外写生经验。

物质准备：蜡笔、油性笔、画笔；绿色、粉黄色、粉红色、褐色的水粉颜料若干，小水桶、毛巾；画纸、图画本、沙石、树枝、叶子等。

【活动过程】

一、仰望荔枝树林，发现荔枝树开花

1. 师：哇，荔枝树上怎么啦？长了什么呀？（荔枝花）小朋友们快认真地看一看、闻一闻，荔枝花是什么样的？你还发现了什么？

2. 幼儿自由观察，大胆表达自己的感受。

二、仔细观察，尝试寻找、发现荔枝花最明显的特征

1. 师：你发现荔枝花最特别的地方是什么？（有点淡淡的清香，花的颜色是米白色、白色，有点甜味，也有一点点苦。）

2. 重点引导幼儿学会仔细观察、反复感知荔枝花最明显的特点，并清晰完整地表述自己的发现。（细细小小的，密密麻麻的，一大片一大片的。）

三、感知荔枝树型的美

师：你觉得荔枝树美吗？美在哪里？（像蘑菇型、伞型，荔枝树高大，荔枝树上盖了一层碎花和水珠，特别美。）

四、交代要求，幼儿自主写生

1. 师：荔枝花盛开让荔枝树更加美，让我们把美美的荔枝树画下来吧。

2. 师：请选择自己喜欢的绘画材料，用自己作画方式表现出来，作画的时候注意安全与卫生。

3. 教师观察指导，重点引导幼儿知道在不同角度观看到的荔枝树画面是不一样的，要注意合理布局画面，关注细节。

自主写生

五、展示作品，欣赏评价

1. 自己评价：幼儿相互欣赏、表达对作品的感受。

2. 集中评价：你喜欢哪一幅作品？为什么？

活动二：香甜的荔枝蜜

【活动目标】

1. 了解从化荔枝蜜的丰收情况与名气，感受农民伯伯丰收时的喜悦之情。

2. 初步认识荔枝蜜的由来，感受采、酿蜜过程中的艰辛，懂得珍惜他人的劳动成果。

3. 在冲调、分享荔枝蜜饮品过程中，养成认真做事、大胆分享的良好习惯。

【活动准备】

经验准备：活动前与家长一起了解从化荔枝蜜的名气，尝试冲调、品尝荔枝蜜。

物质准备：收集关于荔枝蜜的资料及农民伯伯采、酿蜜的视频；荔枝蜜、温开水、茶叶、花茶等。

【活动过程】

一、谈话导入，简单了解幼儿对从化荔枝蜜的认识

师：（出示荔枝蜜）你知道这是什么吗？你喝过吗？什么味道？它是怎么做成的？（播放农民伯伯授粉采蜜的视频）

师：荔枝蜜怎么做成的？谁来分享一下？（每年三四月份荔枝开花的时候，都吸引了许多蜜蜂来采蜜。于是，农民伯伯在荔枝树周围放了许多木箱供蜜蜂酿蜜。蜜蜂少的时候，农民伯伯会捉一些蜜蜂回来传花粉。为了保护蜜蜂，农民伯伯还告诉周围的叔叔阿姨们不要随便喷农药。蜂蜜就是像农民伯伯这样，通过放蜂、授粉、采蜜而来。）

二、观看视频，了解蜜蜂酿蜜和劳动的艰辛

1. 师：蜜蜂又是怎样酿蜜的呢？（蜜蜂一会儿飞到树上，一会儿飞到木箱里休息，就在忙着酿蜜了；农民伯伯戴上帽子、面纱去看木箱有没有蜜，防止被蜜蜂蜇伤；发现木箱有一层层蜜，农民伯伯就拿起来刮到桶里收集蜜糖。）

2. 小结：在每年的三四月，荔枝花开，花期只有10～15天，也就是留给蜂农的采蜜时间只有半个月。在这短暂的十几天花期内，蜂农最怕的就是遇上大雨和寒流冲掉了荔枝花，他们真的不容易啊！经过蜜蜂和农民伯伯的辛勤劳动，人们才能幸福地喝上了美味可口的荔枝蜜。

三、讨论：从化荔枝蜜的名气

1. 重点帮助幼儿了解从化荔枝多，种植环境好，所以荔枝蜂蜜自然就好，这就是受大家欢迎的原因。

冲调荔枝蜜

2. 了解荔枝花开与蜂蜜丰收之间的关系：春暖花开，丰收蜂蜜……

3. 品尝荔枝蜜。

师：你喜欢荔枝蜜吗？谁喜欢喝？（从品尝入手，更能激发幼儿探索的欲望。）

师：你知道荔枝蜜是从哪里来的吗？

小结：荔枝开花时，会有农民伯伯戴上帽子在树林旁摆上许多方形的木箱，吸引蜜蜂进去，让蜜蜂在箱子里酿蜜。到荔枝果实长大后，农民伯伯才慢慢收拾工具，结束酿蜜工作。

四、自主冲调荔枝蜜,掌握冲调的方法

师:你们喝过蜂蜜水吗?试过自己冲调蜂蜜水吗?

1. 请幼儿自己完成冲调,重点引导幼儿掌握蜜糖与水的比例。

2. 幼儿品尝、表达喝蜂蜜水的感受(香甜、浓香、甜滋滋的……)。

五、讨论荔枝蜜的用处,大胆说出喝荔枝蜜的感受

师:为什么人们喜欢买蜂蜜?你知道荔枝蜜有什么用处吗?

小结:真正的荔枝蜜营养丰富,芳香清甜,有淡淡的荔枝花香味,有清润、补血等作用。

【家庭亲子活动】

共同制订计划表

活动目标	活动准备	活动内容	注意事项
1. 在调查过程中了解从化荔枝的品种、生长过程、加工制品以及保鲜方法 2. 愿意用绘画、数字、图表和其他符号进行记录、表征自己调查到的关于荔枝的秘密	1. 照相机、录音笔 2. 关于荔枝的调查表、彩色笔等 3. 运动服	1. 家长与幼儿一起到水果店、特产店以及农产品市场中了解荔枝的品种以及加工制品,并收集有关从化荔枝的宣传手册 2. 上网查找有关从化荔枝的相关资料,了解从化荔枝的品种、产地 3. 走进乡村采访当地农民,询问关于荔枝的品种及其生长过程方面的资料 4. 家长引导幼儿对收集到的关于荔枝的资料进行梳理、分类,并运用绘画、数字、图表和其他符号进行表征记录	1. 在调查过程中,家长应选择图文并茂、简单明了的方式,以便幼儿更好地了解荔枝的品种、生长过程、加工制品及保鲜方法等方面的知识 2. 在实地考察时,家长应创造机会让幼儿大胆、主动地咨询当地农民

活动三:荔枝果长大了

【活动目标】

1. 观察记录荔枝生长的过程,知道荔枝从开花、结果到成熟需要很长的时间,荔枝的生长与空气、阳光、温度和水有关系。

2. 知道荔枝在生长过程所处的位置与方向不同,则会有不同的生长形态,能细致观察、发现问题。

观察荔枝树

3. 活动过程中能大胆发现问题、记录问题，并能流畅、清晰地表达问题。

【活动准备】

经验准备：与爸爸妈妈探讨荔枝的生长过程。

物质准备：

（1）收集荔枝生长过程的资料，如荔枝成长调查表、图书、影像、纸质资料等。

（2）一筐荔枝、关于荔枝树林的图片、指南针等。

发现小荔枝果

【活动过程】

一、观察幼儿园的荔枝树

1. 师：小朋友们，树上的荔枝有什么变化呢？（重点引导幼儿细致观察：有的大、有的小，有的是嫩红的、有的青青的……）

2. 讨论：为什么同一棵荔枝树，长出的果子会不同？（引导幼儿发现荔枝果的生长位置、所处的方向、与日晒的关系。）

二、继续深入观察，记录荔枝果的生长变化

1. 重点引导观察：长在荔枝树上哪个方向的果子比较大、比较成熟？长在哪个方向的果子比较小而且青涩？

2. 尝试运用指南针了解、辨别生长的方向。

三、了解荔枝生长需要的条件与管理照料方法

1. 师：从刚才的观察当中，你们觉得荔枝的生长需要什么条件？

2. 除了空气、水、阳光等基本必备条件，还需要什么？

3. 观看农民伯伯为荔枝树除草、施肥、砍枝叶等的图片或视频，了解种植、照料荔枝树的基本方法。

小结：荔枝树的成长、果实的丰收都离不开大自然和人们的悉心照料，有付出才有收获。

四、师幼共同记录荔枝的生长过程

师：谁愿意与大家分享自己的发现呢？

活动四：荔枝丰收了

【活动目标】

1. 体验荔枝丰收的喜悦，懂得荔枝是劳动人民辛勤种植的成果。

2. 知道荔枝成熟的特征，尝试运用不同的方法正确采摘荔枝。

3. 学习整理采摘后的荔枝，养成耐心、认真做事的习惯。

【活动准备】

经验准备：对成熟的荔枝有初步的了解，周末与爸爸妈妈回到家乡实地观察成熟的荔枝。

物质准备：幼儿园成熟的荔枝树，采摘的工具——箩筐、剪子、钳子、竹竿等。

【活动过程】

一、谈话引入，关注成熟的荔枝

1. 师：我们发现这几天幼儿园的荔枝又发生变化了，一起去看看吧！荔枝成熟了吗？

你是怎么知道的？

2. 重点引导幼儿学会从果实的饱满度、颜色、味道等多方面识别荔枝的成熟度。

二、分享、讨论摘荔枝的方法

1. 师：荔枝成熟了，你们知道怎么样采摘吗？（重点了解：需要“一串串”地摘下荔枝，这样对荔枝树以后的良好生长有帮助。）

2. 师：荔枝树长得又高又大，我们小朋友够得着荔枝吗？你们能想到什么好办法？

3. 重点引导幼儿想办法：够不着的地方可以用爬梯子、搬椅子、叠高等办法。

三、尝试摘荔枝

1. 幼儿自主结伴采摘。

师：你想和谁一起摘荔枝？长这么高的荔枝你会用什么方法去摘？摘的时候要注意什么？

2. 对采摘的荔枝进行收拾整理、分类摆放：分成一串一串的、一个一个的，摆放到箩筐或篮子里，剪掉多余的枝叶等。

四、荔枝品尝会

1. 分享讨论：摘荔枝的方法。

师：你们刚才是怎么摘到荔枝的？

2. 观察、分享、品尝荔枝：重点引导幼儿观察荔枝的外形特征，通过触摸感知荔枝的光滑度，通过品尝、对比感知荔枝颜色的不同与味道差异。

3. 集中分享：不同品种的荔枝有不同的显性特征。例如：桂味荔枝的皮刺手、外形较细、长；槐枝皮较光滑、外形较圆且大。

4. 引导幼儿把采摘回来的荔枝向弟弟妹妹、厨房阿姨、门卫等人员介绍、分享。

五、小结

师：荔枝真好吃，你们知道吃荔枝有哪些营养价值吗？（含丰富的维生素 C 和蛋白质，有助于增强机体免疫功能）。如果我们吃得过多会出现什么情况呢？（多吃会出现头晕、口渴、恶心、出汗、肚子疼、心慌等症状，会得“荔枝病”呢！）小朋友再尝试着收集不同品种的荔枝果，看看有什么不一样的秘密，一起告诉我们的同伴吧！

品尝荔枝

【家庭亲子活动】

共同制订计划表

活动目标	活动准备	活动内容	注意事项
1. 大胆分享对荔枝制品、菜式、点心等的感受，乐意与家人一起制作荔枝制品，体验自己动手的乐趣 2. 给荔枝剥壳、挑核，感知荔枝内外的不同特征	1. 新鲜荔枝、蔬菜（芹菜、百合、红萝卜、青辣椒等）和辅助食材（红枣、雪耳）	1. 亲子搜集荔枝制品、菜式、点心的食谱、图片及制作方法，定好想要做的荔枝制品或菜式、点心 2. 准备与荔枝能搭配的辅助食材，了解辅助食材的特点 3. 亲子合作洗、切、腌等，做好制作	1. 事先了解活动目的和幼儿需要获得的前期的经验，确定好活动计划、材料的准备

(续表)

活动目标	活动准备	活动内容	注意事项
3. 能调动各种感官表达对食材的感性认识 4. 在制作菜式过程中会和家人合作，合理使用材料和工具，培养善于合作、不怕困难的态度	2. 餐具、器皿	的前期准备工作 4. 尝试自己看食谱、图片做一些简单的荔枝制品、菜式（如荔枝沙拉、荔枝甜品、荔枝杂菌煲等） 5. 共同制作关于荔枝菜式、制品的简易的小图书或食谱	2. 亲子讨论“小厨房公约”，让幼儿遵守活动规则

活动五：夸荔枝

【活动目标】

1. 关注家乡的荔枝，在活动中享受合作、宣传时的自信与快乐。

2. 围绕荔枝的色、香、味、形、盛产地等方面，尝试以广告的方式宣传家乡荔枝，提升表现、创作等方面的能力。

3. 积极参与活动，提高思维、语言表达与交往能力。

【活动准备】

经验准备：幼儿对从化荔枝已有较多的了解。

物资准备：收集有关从化荔枝的图片和文字资料以及广告纸、笔等。

【活动过程】

宣传荔枝

一、互动交流，引发夸荔枝的兴趣

1. 讨论：从化荔枝节到了，你知道从化哪些荔枝很有名气吗？吃过吗？味道怎么样？（水厅桂味、钱岗糯米糍、双壳槐枝）

2. 讨论夸荔枝的方式。

师：从化的荔枝这么出名，你们会用什么方式来夸奖、赞美从化的荔枝，以让更多人来购买从化荔枝？

3. 引入广告方式，激发幼儿说荔枝、赞荔枝的兴趣。

（1）有什么好方法让更多的外地游客认识、了解我们从化的荔枝？（做广告）

（2）你会做广告吗？试试把你看到或听到的广告说给大家听。

4. 帮助幼儿分析做广告的主要元素，初步习得做广告的经验。

讨论：从刚才听到的广告中，发现广告有什么特别的地方？

引导幼儿思考：这两组广告都说了些什么？它们有什么不同？（帮助幼儿分析提炼广告词，懂得广告词应简单、明了、清晰，突出荔枝的主要特点与功能；同时，做广告时的动作与表情应尽量夸张、吸引人。）

二、探讨宣传赞美荔枝的其他方式

1. 分组分角色进行做广告夸荔枝。

A 组：幼儿尝试做广告、说荔枝。

（1）主要引导幼儿围绕家乡荔枝的品种、色、香、味、形、食用方法等方面展开交流。

（2）幼儿轮流在集体面前说荔枝、做广告。（引导幼儿注意观察别人的动作、表情，倾听别人的广告语。）

B 组：幼儿尝试用荔枝道具，以山歌对唱来夸荔枝，如《荔枝颂》《卖荔枝》。

2. 集体展演：夸夸荔枝。

（1）请广告组装饰“夸荔枝”广告。

（2）请说唱宣传组进行山歌对唱表演。

（3）相互评价：谁的广告做得好？为什么？

活动六：荔枝保存

【活动目标】

1. 对制作荔枝干感兴趣，乐意与同伴快乐合作。

2. 积极了解荔枝干的不同制作方法，尝试运用自然日晒的方法制作荔枝干，积极表达实践过程中的感受。

3. 在参加体验活动中获得生活常识，提高动手能力。

【活动准备】

经验准备：活动前查找荔枝干的制作方法（图文并茂做好记录）。

物质准备：新鲜荔枝若干，荔枝干若干，烘焙荔枝干过程的 PPT 及视频。

【活动过程】

一、谈话导入，观察荔枝干

师：我们摘下来的荔枝吃不完怎么办？

师：这是什么？（荔枝干）你们吃过吗？荔枝干怎样的？味道怎样？（荔枝干果实呈褐黄色，有芳香清甜的风味。）

师：为什么要做成荔枝干呢？（从化的荔枝确是佳果，鲜荔枝肥美多汁，但不宜多吃也不宜久放。荔枝干的用途很大，人们更喜欢食用荔枝干，所以把荔枝制作成荔枝干是最好的办法。）

日晒荔枝

师：你们知道荔枝干是怎样做出来的吗？

二、分享交流荔枝干的制作方法

1. 制作荔枝干的方法有哪些？（烘焙、日晒）

2. 播放 PPT，让幼儿了解烘焙及自然日晒的方法。

三、尝试用自然日晒的方法制作荔枝干

1. 根据日晒的方法及流程，幼儿讨论、分工合作。

2. 重点引导幼儿记录：荔枝的挑选与枝叶修剪。

四、讨论：晒荔枝干的日常管理

师：晒荔枝干的过程中，遇到下雨天怎么办？晴天和雨天是怎样晒荔枝干的？什么时候拿去晒？什么时候收回来？

小结：在竹扁上晒，4～5 天之后可以翻果，把每小穗荔枝翻身，让未能接触阳光的部分被晒到，阳光要充足，不能雨淋、受潮，否则会长白毛。

活动七：做荔枝

【活动目标】

画荔枝

1. 感受做荔枝的乐趣，萌发热爱家乡荔枝的情感。

2. 大胆选择、运用各种工具、材料制作，或绘画不同品种、形态的荔枝。

3. 在做荔枝过程中，养成细心观察、做事认真的态度，发展动手能力。

【活动准备】

经验准备：活动前散步观察、欣赏幼儿园后院的荔枝园；有制作陶泥的经验。

物质准备：水粉颜料、蜡笔、画纸；红色塑料袋、毛线、报纸、透明胶等；橡皮泥、陶泥；在散步时拍下各品种的一串串的荔枝照片。

【活动过程】

一、从不同角度观察荔枝

师：你看到的是什么品种的荔枝？你怎么知道的？颜色看上去怎么样？长得怎样？正面看上去荔枝的哪一部分被遮住了？

小结：荔枝长得一串串的，有些部分能看见，有些部分被遮住了不能看见；荔枝的果实有些大、有些小，有的红红的、亮亮的，有的红中带绿……

二、思考、讨论做荔枝的方法、材料

师：我们有些什么材料？用这些材料可以怎样做荔枝？不同的材料，做荔枝时应该注意些什么？

三、幼儿自主选择喜欢的方式做荔枝

师：请选择你喜欢的材料做荔枝吧，不同的材料有不同的制作方法。

1. 绘画：用蜡笔、水粉自主绘画，注意画好被遮挡的部分。

2. 手工制作：用红色塑料袋、毛线、报纸、透明胶等，教师可辅助幼儿扎紧绑好。

手工制作荔枝

3. 泥工制作：用橡皮泥、陶泥等自主塑形、捏好粘牢。

四、互相欣赏，分享交流

师：请你和好朋友分享你的作品。你用了什么材料、什么方法做荔枝的？你的荔枝有什么小故事吗?

师:你最喜欢谁的作品?为什么?

五、活动延伸

师:小朋友们做的荔枝可棒了,我们可以把荔枝投放到建构乐园哦。

【区域活动】

区域活动创设参考表

区域名称	内容	材料投放	操作建议	指导建议
语言区	荔枝推广会	荔枝的图片、采摘荔枝的照片、实物荔枝、图书、表征图以及日常观察记录表等	利用自制电视机自主结伴进行“荔枝推广会”活动,自主分享、介绍荔枝	引导幼儿大胆用完整的语言夸夸家乡的荔枝,并进行荔枝推介以及分享荔枝的秘密
美工区	制作荔枝大礼包	红色胶袋或包装纸、圆形泡沫、海绵、箱子、篮子、包装袋等	自制荔枝,制作每颗荔枝要扎紧绑好,并自主探索包装荔枝	引导幼儿掌握包装的技巧,大胆选择各种材料有创意地进行包装
	画荔枝	画纸、蜡笔、水粉颜料,画笔、水彩笔、油性笔等	幼儿选择不同的方式画荔枝,注意画好被遮挡的部分	引导幼儿大胆选择不同的作画方式表现自己喜欢的荔枝,并注意绘画的清洁卫生
	设计荔枝广告图	画纸、蜡笔、水彩笔等	自主设计荔枝广告图,敢于运用图标符号等进行装饰	引导幼儿根据荔枝的特点大胆设计荔枝广告图,鼓励幼儿大胆夸张地创作
	粘贴画	荔枝叶、荔枝壳、荔枝核、乳胶、剪刀等	自主选择材料进行组合拼贴造型,大胆创作粘贴画	引导幼儿在掌握粘贴技能的基础上大胆选择不同材料创造性地粘贴各种作品
	制作荔枝道具	纸箱、报纸等材料	与同伴合作,自主探索、制作荔枝道具(箩筐、荔枝树、帽子等)	教师可辅助幼儿,把作品投放到表演区进行表演
角色区	卖荔枝	自制荔枝、荔枝蜜、袋子、游戏钱币等	创设买卖荔枝的场景,自主分好角色,热情礼貌地进行买卖游戏	引导幼儿知道买卖的流程,正确使用“请问你要买什么”“你好,一共多少钱”等文明用语对话,在游戏结束后懂得分类收拾材料
表演区	荔枝舞、山歌对唱、荔枝丰收庆祝会	音乐《客家山歌》和《荔枝颂》,用荔枝叶自制的小乐器,客家服饰	幼儿自主分角色并用服饰装扮,进行荔枝舞、荔枝山歌对唱以及荔枝丰收庆祝会表演	引导幼儿随伴奏有表情、声音响亮地对唱山歌,大胆创编庆祝荔枝丰收的舞蹈动作,自信地表演
建构区	家乡的荔枝林	荔枝作品和道具、罐子、木板、纸盒等材料	探索搭建一大片的荔枝林,大胆运用多种材料合作搭建荔枝园周边的景色	引导幼儿用围合、垒高、排序等方法进行合作搭建,大胆搭建一棵挨着一棵的、密密麻麻的荔枝林

活动纪录与支持

以下是教师在开展主题活动中支持幼儿主动学习的其中一个故事记录。

会唱歌的荔枝叶

荔枝的主题活动正在如火如荼地进行着，孩子们每天都有新的发现。这天，我们来到后园观察荔枝果的变化后，宇宇问：“老师，我想摘一片荔枝叶来玩玩，可以吗?”“没问题，我来帮一下你。”说完后，把树枝拉低一点儿让宇宇摘到叶子。其他小朋友看到了，也很想试试玩，但他们都是把树叶摆在手里玩弄，没有什么特别的玩法。这时，我也特意摘了一片荔枝叶，然后把叶子卷起来，放到嘴里吹出响亮的声音，其实这也是我小时候经常玩的荔枝叶小玩意。这一举动，被孩子们惊奇地发现了，宇宇马上说：“老师，像吹起小喇叭，声音从哪里来的？你手上的叶子吗?”桦桦说：“老师，这种声音好像放屁的声音。”话音刚落，一群孩子就哈哈大笑起来。随后，引来了更多的孩子，都嚷嚷说：“我要吹，我也要吹。”宇宇马上拿起叶子，学着我的样子，把叶子卷起来立马放到嘴里，只见他使劲鼓起腮，吹得满面通红，还是吹不出声音来。桦桦也一样，声音像是都憋在叶子里面，他试着弯下腰用尽全身力气吹，但还是一点效果都没有。接着，博博和童童也一直努力地使劲尝试吹，吹得几乎没力气了，还是不行！也许是孩子们没有掌握方法吧。可是孩子们并没放弃，我们马上一起努力探讨卷叶子的方法，试着把叶子从尾部向顶部卷起来，但放在嘴里吹的时候，还是没能发出声音。虽然没能吹出声音，但他们知道了卷叶子的方法，他们与叶子玩游戏的热情并不减。对于孩子们来说确实是难度太大了，我决定帮孩子们一把，告诉孩子们在卷叶子的时候注意捏紧卷紧，最后把卷好的“叶子小喇叭”(放在嘴部吹的那边)压扁，手要抓紧“叶子小喇叭”再吹。“做好了，谁来试试吹?”“我来！我来!”孩子们个个争先恐后，最后大家还是让宇宇试吹。宇宇深呼吸一口气，使劲吹。“哇！成功了！好好听呀，会唱歌的荔枝叶……”每个孩子激动地情不自禁地拍起手来，这种试吹成功的喜悦确实是激动人心。会唱歌的荔枝叶真神奇，孩子们又增强了信心，继续卷着荔枝叶试吹起来……

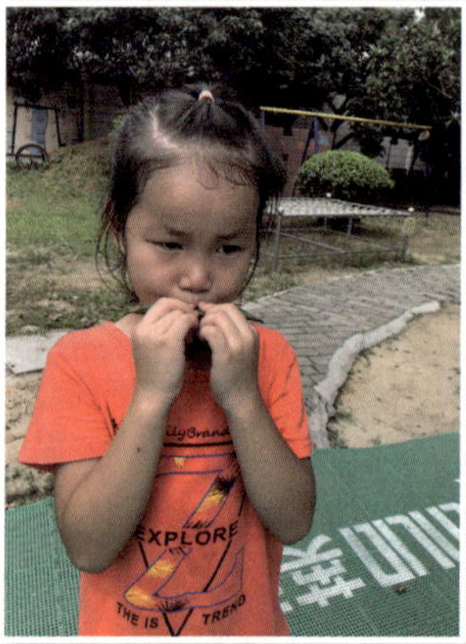

【教师反思】

让孩子们探究“会唱歌的荔枝叶”的欲望，一直延伸到讨论叶子的话题，分享很多有关叶子的知识，喜欢和叶子做游戏……在探索荔枝叶相关活动的同时，也会引发孩子们关注生活中的果树，特别是幼儿园的果树，每次户外散步时，都会萌生许多新的话题。所以，当孩子们发现不断变化的荔枝树时，更是越发有探究、求知的欲望。因而，我非常欣赏孩子们学习的热情与坚持性，从“荔枝叶的变化——荔枝花的出现——荔枝蜜——荔枝小果——荔枝变大——荔枝成熟了”整个过程，他们一直坚持不懈地探究着。最后，孩子们还产生了要种荔枝的想法并付诸行动——为幼儿园的荔枝树除草、嫁接；甚至有的孩子回到自己的家种植荔枝树，更体现了他们学习的创造性和真实性。在探究过程中，孩子们不知不觉地越发爱荔枝、爱家乡，不断地生发出许多学习的契机。而作为教师，必须读懂孩子，支持孩子的深度学习，从中让孩子获得更多有益的学习品质。

大班：探秘从化高山番薯①

主题活动核心理念

《指南》中提出："幼儿的学习是以直接经验为基础，在游戏和日常生活中进行的。要珍视游戏和生活的独特价值，创设丰富的教育环境，合理安排活动，最大限度地支持和满足幼儿通过直接感知、实际操作和亲身体验获取经验的需要。"每年 11 月高山番薯丰收之时，从化良口镇就会举行"高山番薯节"活动。借此契机，我们充分挖掘番薯节这一教育资源，开展主题实践探索活动。陈鹤琴先生说过，"我们应多给幼儿感性的知识，创设各种环境和条件，多让儿童接触大自然和大社会，扩大他们的眼界"。为此，在实践探索过程中，教师要善于和孩子一起创设活动环境，提供活动探索素材，捕捉孩子探索发现的兴趣点、研究点、困惑点，及时了解、记录孩子的所谈、所想，创设各种平台与条件满足幼儿对番薯的好奇心和主动发现、主动探究的心理。在实践、体验、操作中启迪幼儿去探究、想象、表达、表现、创造，进而获取最真实的感受和最直接的知识经验。

来源与经验

一年一度的从化高山番薯节快到了，到处都在宣传番薯节。孩子们在自由活动时经常会兴致勃勃地谈论起有关番薯节的话题。正巧，吃早餐时孩子们看见桌子上的番薯，立刻兴高采烈地互相交流着："我吃过这番薯，你吃过吗？咦，这条番薯又长又大；这些番薯皮的颜色不一样；我知道有紫番薯、黄番薯、白番薯；我们的午点喝过紫番薯糖水，也吃过番薯饼……"大班孩子在交流中不断萌发很多问题，对番薯的探索兴趣逐渐浓厚起来。从孩子对话的兴趣点和问题点出发，正好可以利用从化这个本土的节日作为活动的切入点，以各种感官刺激幼儿动脑、动口、动手探究番薯，使其在探索过程中，主动以自己的方式讲述、记录、统计和表征，自主构建相关的知识经验，促进幼儿观察能力、认知能力、劳作能力以及经验的提升，从中品味乡情、亲近自然、品尝劳动果实，体验劳作的辛苦和收获的喜悦。

基于幼儿的兴趣及其发展需要，从孩子的视角出发，教师们共同探讨并设计了"探秘从化高山番薯"主题实施路径。

---

① 由骆晓青撰写。

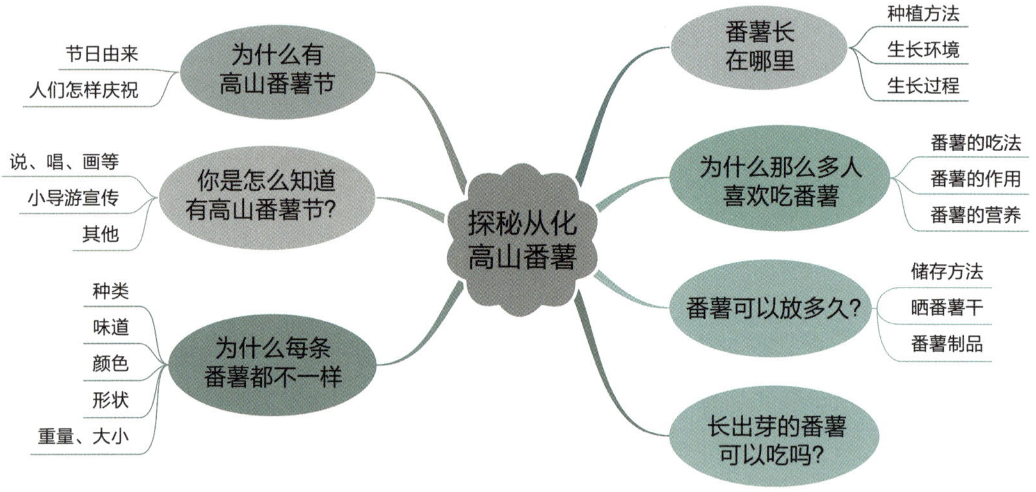

主题实施路径图

目标建议

目标建议

健康	1. 了解从化番薯的独特之处,知道高山番薯的主要品种、营养价值和不同吃法 2. 在活动中了解荤素搭配的相关知识,知道人体生长发育需要从各种食物中吸取不同的营养,并要养成良好的饮食习惯
语言	1. 自信大胆地与他人交流,会认真倾听别人的发言 2. 能用完整流畅的语言自信地分享自己对番薯的探索与发现 3. 在活动中初步学会运用一些"糯、绵、粉"等词汇表达品尝番薯的感受
社会	1. 能与同伴共同协商解决问题,合作完成任务,有良好的沟通、协作能力 2. 在实践活动中获得相关的劳动知识、技能,体验劳动的快乐 3. 萌发对家乡的关注与了解,激发热爱家乡、热爱大自然的情感
科学	1. 对研究番薯感兴趣,能持续、专注地运用多种感官,多角度观察、发现、探究番薯的外形、内在特征及其生长知识 2. 会运用各种探索工具深入探索,如尺子、秤、放大镜等;能围绕自己的问题与兴趣点主动寻求答案,运用已有经验积极尝试解决新问题 3. 会运用各种劳作工具尝试种植、管理、收获等,主动获取各种劳作经验、技能,养成爱劳动、会劳动的良好习惯 4. 能用自己的方式,如绘画、图表、图示、符号或者简单文字等,记录探索番薯的过程,初步获得简单的归纳、分类、整理经验
艺术	1. 能结合番薯的外形特征大胆想象、造型,积极运用各种辅助材料,以多种表现方式创作番薯艺术作品 2. 能结合番薯的藤、茎、叶等进行艺术创作,促进想象力、创造力、表现力的发展与提升

问题情境预设

幼儿的问题

1. 高山番薯节在哪里举行？每年都有吗？
2. 所有的番薯都叫高山番薯吗？
3. 番薯长在哪里？什么时候种？什么时候成熟？
4. 番薯可以怎么吃？可以生吃吗？
5. 番薯有叶子吗？叶子可以吃吗？
6. 为什么吃了番薯容易放屁？
7. 番薯会发芽吗？发了芽的番薯还可以吃吗？

教师的问题

1. 为什么会有高山番薯节？是我们从化才有的吗？其他地方有没有番薯节？
2. 怎样种植番薯？施什么肥才长得快？
3. 为什么那么多人喜欢吃番薯？
4. 番薯可以放多久？怎样储存？

活动开展建议

活动一：高山番薯节开幕了！

【活动目标】

1. 初步懂得从资料收集中获取相关知识，积极主动与他人讨论关于番薯节的见闻，对从化高山番薯有浓厚兴趣。

2. 能认真倾听同伴的话语，能结合话题流畅表达出事情的“时间、地点、人物、情节”四要素。

3. 增进对家乡的认识与了解，提高对家乡的关注度，萌发爱乡情。

【活动准备】

经验准备：与爸爸妈妈一起到从化良口达溪村参加番薯节。

物质准备：收集有关高山番薯节的宣传资料，以及有关番薯节的调查表。

【活动过程】

一、创设环境，提出问题，引起对高山番薯节开幕场景的回忆

师：小朋友，高山番薯节开幕啦！你们还记得高山番薯节是怎样的吗？有哪些热闹的场景？你印象最深的是什么？

分享番薯节的见闻

二、自主交流

1. 幼儿分小组自主翻阅、交流收集到的番薯节的各种资料，教师巡回观察指导（幼儿能否围绕话题进行分享交流，以及专注倾听同伴的话语）。

2. 幼儿自由分享自己的观察记录表、访问记录表，教师重点引导幼儿清晰地表达自己的见闻、经验、想法。

3. 请个别幼儿在集体面前分享番薯节开幕式的见闻，教师帮助幼儿流畅地表达出事情的“时间、地点、人物、情节”四要素。

4. 小结：举办开幕式是进行宣传的一种手段，可以吸引更多的游客了解、购买高山番薯。

三、在对话中启发幼儿表达对番薯的认知，捕捉幼儿的困惑点、兴趣点

师：你还想知道番薯的什么秘密呢？

教师把幼儿的问题张贴出来，幼儿自主讨论哪个是自己最想探讨的问题，可用举手、数数的方式让幼儿决定。

四、得出结果后，统计问题，讨论下阶段需要探讨的活动内容及材料准备

活动二：高山番薯的聚会

【活动目标】

1. 感知番薯的不同种类及不同的内、外特征，学习分类整理。

2. 能运用清晰连贯的语言表达自己对番薯的各种发现与认识，丰富对番薯的认知与表达。

【活动准备】

经验准备：在家和爸爸妈妈一起观察过不同品种的番薯。

物质准备：收集各种高山番薯的品种（黄心、白心、一点红等），小刀、电磁炉。

【活动过程】

一、师幼合作创设“番薯聚会”的场景

师：今天你们都带了很多不一样的番薯，我们一起讨论“如何把这么多的番薯摆放得更吸引人、更整齐”。

二、幼儿自主细致地观察番薯并记录

1. 自主观察讨论：这些番薯有什么不同？引导幼儿重点从番薯的形状、大小、颜色等外

形特征进行仔细观察、分享。

2. 二次观察探索：除了外表不一样，里面会是怎么样的呢？（幼儿猜想）

3. 幼儿自己选择不同方式，探索番薯的内部特征。

4. 幼儿集体分享自己的发现与记录。

5. 小结：不同品种的番薯大小不一样，颜色不一样，口感也不一样。

观察不同品种的番薯

三、集中讨论：番薯名字与其特征的关系

重点引导幼儿理解番薯名字与其特征对应、匹配的关系。

1. 结合自己的想法，幼儿利用工具（小刀）进行深入探索，发现其内部属性，如硬度、颜色的异同、味道等。

2. 幼儿集中分享自己的发现，教师帮助幼儿学会分析、归纳不同品种的不同特征，并尝试把剩下的番薯进行分类摆放。

3. 小结：高山番薯的品种主要有白心薯、黄心薯、紫心薯、花心薯、一点红薯。其中，紫心薯又称“蜂蜜味番薯”，吃上去粉香可口，细嚼有甘甜的蜂蜜味；白心薯又称“栗子番薯”，风味似栗子般粉香甜。

四、深入讨论猜想：生、熟番薯有什么区别？

提供电磁炉请幼儿煮番薯，并再次通过比较发现生、熟番薯的异同。

活动三：种番薯啦！

【活动目标】

1. 了解番薯的种植过程及其生长所需要的基本条件。

2. 掌握正确的种植方法，能运用各种劳作工具独立种植、记录、管理，能积极参与讨论，较清晰流畅地表述种植经验及感受。

3. 积累相关劳作经验，体验种植劳动带来的快乐与成功种植的喜悦。

【活动准备】

经验准备：活动前请家长和幼儿一起了解种植番薯的方法。

物质准备：幼儿自带番薯苗若干，以及种植所需的铲子、桶等。

【活动过程】

一、提出问题激发兴趣

师：小朋友，今天我们有个重要的任务需要完成，你们还记得吗？你们知道怎样种番薯吗？有什么好方法可以与大家分享呢？（教师积极鼓励幼儿回答，并及时给予表扬。）

二、唤起已有经验，讨论种植方法

1. 互相讨论，讲述番薯的种植过程。

2. 师幼共同梳理经验，明确种植方法。

种植过程：先用铲子把泥土翻松，然后在泥里挖一个坑，再把番薯苗放进坑里并埋入土下

种植番薯

约5厘米处。用泥土将番薯苗覆盖,并露出地面两三个芽节,最后给番薯苗浇适量的水。水要将土壤全部浸透,每个坑之间要有一定的距离,不能太近。

三、分组进行种植活动,教师进行重点指导

1. 教师关注幼儿是否按照正确的步骤进行种植。

2. 教师引导幼儿在种植过程中思考:番薯苗种在土壤中的什么位置最合适?为什么?(不能太深,太深发不了芽;也不能太浅,太浅会干死。)

3. 引导幼儿给种植好的番薯苗插上标签,了解种植番薯所需要的基本条件。教师提问:为什么这里最有助于它的成长?(因为这里空气流通好、阳光充足、浇水方便。)

四、分享交流:亲亲我的番薯宝贝

1. 教师组织幼儿分享种植后的感受。
2. 教师鼓励幼儿给自己种植的番薯取名字。
3. 教师引导幼儿对自己的番薯宝贝说一句悄悄话,说说对它成长的期待。

五、讨论记录有关事项

1. 怎样记录番薯的生长?
2. 怎样照顾好番薯?

活动四:探薯趣

【活动目标】

1. 尝试用不同方法感知番薯的重量,懂得基本的称重工具与方式方法。
2. 能较清晰地运用不同的记录方式记录探索结果,并自信流畅地分享自己的猜想和发现。

【活动准备】

经验准备:生活中有过称重的经验。

物质准备:记录表,各色小圆片,秤,紫色、红色、黄色番薯各若干。

【活动过程】

一、提出问题:怎么知道番薯有多重?

师:这里有两条番薯,你们猜猜哪条重?你是怎么知道的?帮助幼儿了解"目测"进行比较的方法。

1. 还可以有什么办法?帮助幼儿了解"感受对比"方法。
2. 怎样清晰地知道番薯的具体重量?引出"秤"。

二、感知各种秤的使用方式

1. 认识各种秤。

师:你们认识这些秤吗?会用吗?怎么用?

2. 幼儿与教师在观察、尝试中体验秤的使用方法。
3. 小结:原来我们用小手掂一掂可以比较出物体的轻重;用眼睛看一看,也可以大概知道物体的轻重。但是，秤可以帮助我们更加准确地知道物体的具体重量。

三、选择不同工具为番薯称重

1. 分小组自主选择工具，对番薯进行称重。引导幼儿选好工具，选好番薯，并为番薯编上号码。

2. 教师观察指导，重点引导幼儿学会“看秤”，并清晰记录重量。

四、集中分享结果

师：你选择几个番薯称重？重量分别是多少？哪个最重？哪个最轻？如果从重到轻，如何排队？反过来又如何排队？

五、讨论小结

日常生活中，我们经常会运用到秤，秤可以帮助我们解决很多问题。思考一下，在什么情况下，我会运用到秤呢？

【家庭亲子活动】

共同制订计划表

活动目标	活动准备	活动内容	注意事项
1. 体验成功的喜悦和劳动的快乐 2. 在实践操作中，寻找适合挖番薯的工具 3. 在采挖过程中，验证对番薯的猜想	1. 活动前联系好活动场地，并知道外出活动的注意事项 2. 穿着轻便的衣服和鞋子，并携带好工具：小铲子、小锄头和装番薯的篮子	1. 家长与幼儿讨论挖番薯的方法、工具。引导幼儿仔细观察番薯长在哪里，并让幼儿探索如何挖出完整不受损的番薯 2. 幼儿自主选择挖番薯的工具——小铲子、小锄头和装番薯的篮子等，并独自挖番薯。对于力量较为弱小的孩子，可选择与家长一起挖掘 3. 挖番薯后，请幼儿说一说挖番薯的方法，以及描述所挖番薯的个数和外形特征等	1. 在挖番薯的过程中，家长注意引导幼儿安全使用工具，运用正确的方法 2. 对于能力较弱的孩子，家长可从旁指导和协助 3. 除了幼儿自己的记录，家长需要结合幼儿简单的记录加以详细说明

活动五：我会做番薯干啦！

【活动目标】

1. 在亲子对话中积累、了解制作番薯干的方法，会用符号、图案图标等方式进行记录。
2. 尝试与同伴合作制作番薯干，感受团结合作的力量与快乐。
3. 感受食物制作的不易，学会珍惜劳动成果，培养良好的节俭意识。

【活动准备】

经验准备：已了解番薯干的制作方法。

物质准备：生、熟的高山番薯若干，竹筛，幼儿使用的月饼刀，一次性手套若干。

【活动过程】

一、回忆番薯的吃法

师：“小朋友，你们说说番薯有哪些不同的吃法？”

小结：每一种食物都有不同的烹调方法，番薯可以生吃、熟吃，可以做成番薯糖水、番薯饼、番薯干……

二、讨论、分享番薯干的制作流程、方法

师：谁知道番薯干是怎样制作出来的？

引导幼儿一边讨论，一边尝试用图案的方法记录番薯干的制作流程、条件等。

三、分工合作，尝试制作番薯干

清洁番薯、大块番薯切块→煮（蒸）番薯→晾凉后削番薯皮、切条状→晾晒。

教师提醒并指导幼儿在制作过程中学会合作，学会共同解决问题，并且要注意卫生安全。

四、合作晒番薯

1. 商讨晾晒的注意事项。

师幼共同商讨晾晒的方法：“番薯要怎样摆放才能晒得好？”（要一块一块整齐摆放，不要叠放，每一块之间的间隔要均匀。）

2. 幼儿自主尝试。

教师提醒幼儿做事细心，鼓励其坚持完成。

五、活动延伸

每天关注并记录番薯干的不同变化，定时整理番薯干。

【家庭亲子活动】

共同制订计划表

活动目标	活动准备	活动内容	注意事项
1. 知道番薯饼的制作方法，提高动手操作能力 2. 练习搓、揉、捏、压等技能，发展小肌肉的协调能力 3. 增进亲子间的感情，体验劳动的快乐	1. 红薯、糯米粉、白糖 2. 蒸锅、汤勺等	1. 幼儿在家长的协助下将红薯放在蒸锅架上，用中大火蒸15分钟至熟透 2. 取出后趁热用汤勺压成泥 3. 放入糯米粉、白糖，约一汤匙水，充分揉匀（干湿度适中） 4. 取适量红薯泥用双手先搓成丸子，再用双掌拍打成饼坯，全部做完后备用 5. 锅中放油烧到八成热，放入薯饼坯用中火炸8分钟（炸的过程中要将薯饼翻面） 6. 熄火后用铲将每个饼在锅边压出油分，装盘后即可食用	1. 注意使用蒸锅的安全 2. 引导幼儿在揉的过程中，把糯米粉和红薯泥用力揉匀 3. 鼓励幼儿多尝试，并把亲手做的番薯饼分享给大家一起尝一尝

活动六：好玩的番薯造型

【活动目标】

1. 能认真观察番薯的原有形态，喜欢大胆想象。
2. 根据已有经验，结合番薯的外形特征大胆联想，创作不同的造型。

【活动准备】

经验准备：餐后观察番薯的外形，并进行联想。

物质准备：准备生的番薯若干；牙签、小棒、画笔若干；装饰用的各种纸等。

【活动过程】

一、欣赏讨论，感受作品美

师：喜欢这些作品吗？这些作品是用什么做出来的？重点引导幼儿观察造型美和想象美。

二、观察番薯，激发创作兴趣

教师取出几个具有不同外形特征的番薯，启发幼儿观察、想象番薯的外形像什么，可以做成什么；如果用 2 个或多个番薯拼在一起，又像什么，可以做什么。

三、自主选择材料进行制作

1. 启发幼儿根据番薯的不同外形，大胆想象，创造出与别人不同的作品。

2. 提醒幼儿使用篮子中的自然材料、辅助材料和制作工具，充分发挥想象，制作自己喜爱的物品。

3. 教师观察指导，及时发现幼儿的需要和特殊的创意，并给予一定的帮助。

创作番薯作品

装饰番薯作品

四、相互欣赏作品

师：可以为自己的作品起一个独特的名字，朋友之间相互介绍自己的作品。

活动七：我为高山番薯做宣传

【活动目标】

1. 积极参与宣传活动，在活动中保持专注、自信、大方的态度。

2. 能围绕番薯的色、香、味、形等的亮点进行设计、宣传，作品整洁美观，表达流畅大方。

3. 有良好的合作、规则意识，能大胆、主动地表现自己的作品。

【活动准备】

经验准备：有旅游的经验，对高山番薯节已有一定的了解。

物质准备：广告视频、广告宣传单。

为高山番薯做宣传

【活动过程】

一、激发对广告宣传的兴趣

师:这是什么广告？你是怎样知道的？（帮助幼儿了解广告的构成要素,如标题、内容、广告语、图案、标志、色彩,重点引导幼儿用连贯流畅的句子表达。）

二、集中讨论

师:怎样让更多的人知道我们从化有高山番薯节、有很多好吃的番薯？

三、分享对高山番薯亮点的认识

师:我们从化的高山番薯有什么特别之处？怎样表达才能吸引别人来购买,达到更好的宣传效果？

重点引导幼儿在图案、颜色、广告语方面有个人的特色,尤其是广告语,要简单明了。

四、自主游戏

幼儿自主制作宣传单,或小组表演广告游戏,重点引导幼儿在游戏中做好角色分工。

五、集中分享,大胆表现作品

1. 在小组内分享自己的作品。

2. 小组内选出优秀广告作品,展示宣传。

3. 讨论:作品的优点与不足。

活动八:综合活动——番薯茎叶化装舞会

【活动目标】

1. 在感知番薯茎叶特征的基础上,乐意运用其茎叶进行美工创作,能大胆想象,综合运用多种材料进行装饰。

2. 运用折、撕、拼、接的方法进行手链、脚链、项链、花环等饰品制作,发展小手肌肉的协调性、灵活性,发挥想象力。

3. 乐意运用自制饰品进行自信、大方、自然的表演。

【活动准备】

经验准备:有一定的设计和制作艺术品的经验,对化装舞会有初步了解。

物质准备:提前采摘番薯叶;各种装饰材料,如羽毛、卡纸、彩笔、废旧毛线等。

【活动过程】

一、到种植园观察番薯茎叶,引发兴趣

教师指向番薯的叶子,问:"这是谁的叶子？像什么？"

二、学习采摘叶子

三、讨论:这些叶子可以用来做什么？

四、自主选择材料进行手工制作

1. 欣赏番薯茎叶的手工制品,讨论其制作方法。

化装舞会

2. 自主创作，教师观察指导（可以分为叶子拼贴组、立体项链制作组）。

五、共同布置现场，进行舞会表演

1. 师幼共同布置舞会的场景（把课室布置成表演的舞台）。

2. 幼儿自信地展示自己的作品，相互欣赏、鼓励。

3. 说说自己喜欢的作品及其原因。

【区域活动】

区域活动创设参考表

区域名称	内容	材料投放	操作建议	指导建议
语言区	番薯干的制作过程	自制小图书《制作番薯干的过程》	和同伴一起自主阅读小图书，知道番薯干的制作过程	能自信大胆地与他人交流，会认真倾听别人的发言
	从化的番薯节	各种表演道具，如真实的番薯、宣传番薯的卡片、表演服饰等	根据不同的情境选择合适的道具进行表演，例如：幼儿在小舞台上可以自主选择不同的道具给番薯节做“广告”；或者幼儿可以充当解说员，自己进行大胆想象，表达番薯节的见闻	用完整流畅的语言，自信分享自己对番薯的探索与发现；运用“糯、绵、粉”等词汇表达品尝番薯的感受
美工区	画画“番薯节”	各种作画工具和材料	自主选择不同的材料进行创作、宣传，和同伴一起分工合作	把高山番薯节的情境通过绘画的方式表现出来，促进幼儿想象力、创造力、表现力的发展与提升
	番薯茎叶化装舞会	番薯茎叶若干	可用番薯茎叶做出不同的花环、手环、手袋、腰带等作品	以多种表现方式创作“番薯茎叶化装舞会”需要用到的艺术作品
	有趣的番薯造型	准备生的番薯若干；牙签、小棒、画笔若干；装饰用的各种纸等	自主选择材料，创作有趣的番薯造型，并用语言清楚表述出来	根据番薯的不同外形，大胆想象，创造出与别人不同的作品

（续表）

区域名称	内容	材料投放	操作建议	指导建议
科学区	番薯大揭秘	收集到的番薯	寻找相关工具进行深入探索，发现其内部属性，如硬度、颜色、味道的异同等	把探索过程中的发现用纸笔记录下来，和同伴一起分享
		形状、大小不同的番薯，尺子、秤等工具	用工具测量番薯的重量、大小，和同伴分工合作，一边测量一边记录	自主探索测量番薯、称番薯的方法，从中找到相关的规律

【教师反思】

主题活动开展以来，我们教师每天都有新的思考。如何使幼儿在不同的探索活动中得到锻炼、得到发展呢？我们着重从以下三方面进行深入的反思。

一是本土资源深挖掘。从化物产丰富，各种农作物在乡村随处可见，很多地方都种有番薯或者能找到番薯地的踪迹。而大班幼儿的学习特点是对周围世界有着积极的探索态度，他们不但爱问“是什么”，还想知道“怎么来的”“怎么做的”。因此，我们以“高山番薯节”为切入口，与孩子们一起探索关于番薯的秘密，让幼儿通过自己的主动学习来构建新知识。

二是教育场景多元化。我们充分利用了多元化的场景，增进幼儿与场景之间的互动和交流。比如：开展“高山番薯的聚会”活动时，就将课室布置成了番薯节的场景，大大激发了幼儿参与活动的积极性，他们相互交流着自己对番薯的发现；在亲子活动“番薯乐”中，我们和孩子一起来到番薯地，赋予了孩子蓝天下快乐学习的自然环境；在“品尝番薯”的活动中，孩子们不仅懂得了分享，还知道了番薯的多种吃法。又如：在“我为高山番薯做宣传”的过程中，我们创设了“做番薯”“说番薯”“夸番薯”的不同场景，幼儿按照自己的喜好选择场景，激发了参与的兴趣。多元化的场景让我们的孩子在活动中乐想、乐说、乐做。

三是家长资源巧利用。我们在开展主题活动的过程中，充分发挥了家长资源的作用，取得了家长的全力配合。比如：利用家长会，我们向家长介绍了主题实施的目的、形式等，发放“番薯大调查”调查表，让家长与幼儿一起完成，让家长带幼儿去自家的番薯地挖番薯，使幼儿对番薯有了一定的了解。家长也都提供了各种各样的番薯，为我们布置番薯展览提供了素材；同时，家长与幼儿一起制作了番薯造型，家长们奇思妙想的作品让幼儿了解到原来番薯这么有趣。这些使我们的活动有了一定的保障。家长是幼儿园的重要资源，我们应学会利用这种资源，使家长参与到幼儿园的教育活动中来，为主题活动的实施提供帮助。

第二节 社会资源部分

小班：稻草农业公园的秘密[①]

主题活动核心理念

孩子是天生的自然探究者，他们对大自然有着与生俱来的兴趣与探究欲望，他们渴望与大自然近距离接触，渴望与大自然的花花草草、小动物等进行亲密的对话。《指南》中提出："幼儿的学习是以直接经验为基础的，贴近幼儿生活的周边事物是很好的教材。"我们应关注孩子的兴趣，尊重孩子的年龄特点、认知特征、知识经验等，为孩子提供可亲身体验、操作、探索的环境，让孩子在快乐的童年中学得有趣、学得有效、学得有用！

西塘童话小镇是从化近年开发的以"田园童话"为主题的旅游景点，有梦幻稻草农业公园、亲子实践体验活动等，深受孩子的喜爱，孩子们可一边欣赏大自然艳丽无双的色彩，一边探索花海中的奥妙。我们遵循孩子的学习特点，将孩子感兴趣的社区场景迁移到幼儿园，扩展孩子生活和学习的空间，满足孩子通过亲身体验和实际操作获取经验的需要。

来源与经验

"五一"假期回来，孩子们都喜欢谈论"假期去了什么地方玩"。其中，有孩子说："我去了

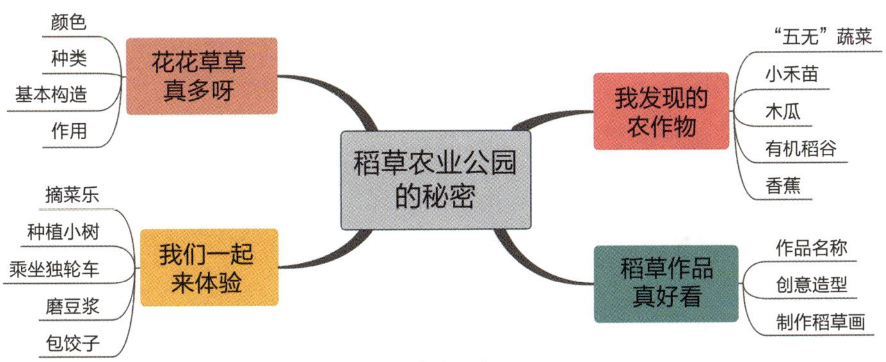

主题实施路径图

① 由黄飞燕、卢汝芳、李雪贤撰写。

西塘童话小镇玩，发现了稻草公园里有很多稻草作品，有光头强、超级飞侠、青蛙公主、豆浆石磨，还有独轮车……”孩子们你一言我一语地说着，可见他们对西塘童话小镇有着非常浓厚的兴趣。于是，顺应孩子们的兴趣，我们开展了“稻草农业公园的秘密”主题活动，让幼儿开展各种探究活动，丰富他们的学习经历。

基于幼儿的兴趣及其发展需要，从孩子的视角出发，教师们共同探讨并设计了“稻草农业公园的秘密”主题实施路径。

目标建议

目标建议

健康	1. 乐意在户外新环境中活动，情绪较稳定 2. 知道多吃蔬菜身体好，养成不偏食、不挑食，喜欢吃瓜果、蔬菜等新鲜食品的习惯
语言	1. 当别人对自己说话时能注意倾听，并做出回应 2. 愿意表达自己去“西塘童话小镇”的见闻与感受，说话自然，声音大小适中 3. 能在成人的提醒下使用恰当的礼貌用语 4. 会看画面，能根据画面说出图中有什么、发生了什么事等
社会	1. 感知西塘的美，激发爱家乡、爱从化的情感 2. 乐意参与群体活动，并能根据自己的兴趣选择磨豆浆、摘菜、种树苗等体验活动，感受劳动带来的喜悦 3. 能在成人提醒下，遵守游戏规则。例如：爱护玩具和其他物品；想加入同伴的游戏时，能友好地提出请求；不争抢、不独霸玩具或材料；等等 4. 自己能做的事情自己做，会为自己的良好行为或活动成果感到高兴
科学	1. 对感兴趣的事物或现象（花、禾苗、蔬菜、稻草作品等）能仔细观察，发现其明显特征 2. 喜欢接触大自然，能用多种感官或动作探索事物或现象，并能仔细观察和尝试发表自己的见解 3. 认识常见的植物，如水稻、花、蔬菜等；能注意并发现周围的植物是多种多样的，初步了解和体会植物与人们生活的关系
艺术	1. 喜欢欣赏西塘漂亮的花草树木，感受大自然的美 2. 在欣赏各种各样的稻草作品基础上，感受其造型美和色彩美，乐意尝试用稻草粘贴作品

问题情境预设

幼儿的问题

1. 西塘童话小镇是什么地方？那里有什么好玩的游戏呢？
2. 西塘童话小镇有什么呢？
3. 西塘童话小镇为什么会有这么多稻草作品？
4. 稻草是怎样来的？
5. 禾苗长大会变成什么呢？
6. 菜叶上为什么有洞洞？

教师的问题

1. 稻草公园里最吸引幼儿的是什么?
2. 小朋友喜欢用稻草进行什么游戏?会用稻草来编什么好看、好玩的东西?
3. 小朋友发现稻草公园有什么花?有哪几种?是怎样辨认出来的?
4. 稻草公园里的“五无”种植的农作物有哪些?孩子会喜欢哪一种农作物?味道是怎样的?
5. 青头鸭与一般鸭子有什么不一样?小朋友能区分清楚吗?

活动开展建议

活动一:我想去西塘童话小镇

【活动目标】

1. 对西塘童话小镇感兴趣,激发去参观的愿望。
2. 能大胆猜测,并会用自己的语言说出所猜测以及想观察的内容。
3. 能与家长沟通,共同制订参观计划。

【活动准备】

经验准备:部分孩子已经去过西塘童话小镇。

物质准备:有关西塘童话小镇的宣传单、宣传片。

【活动过程】

一、猜想谈话(先请小朋友猜想,再请去过的小朋友来分享)

师:五一假期有一些小朋友去了西塘童话小镇,西塘童话小镇是在哪里的?有什么好看好玩的?

二、结合宣传单以及宣传片,初步了解西塘

1. 幼儿自主查看宣传单。

师:请小朋友分组看看有关西塘童话小镇的宣传单,看看西塘是不是像小朋友所说的那样,有好看好玩的东西。

2. 分享交流。

师:在宣传单里,你发现西塘童话小镇有什么?(稻草作品、花、香蕉、禾苗)

3. 观看视频。

师:西塘童话小镇还会有什么呢?我们再来看一看视频。

4. 再次分享交流。

师:在视频里,你还发现了什么?(无公害蔬菜、各种体验活动、青蛙公主传说……)

三、谈话拓展

师:西塘童话小镇什么东西最吸引你?如果你去,最想看什么?玩什么?

师:你最想跟谁一起去?怎么去?

【家庭亲子活动】

共同制订计划表

活动目标	活动准备	活动内容	注意事项
1. 通过实地观察，初步了解稻草公园的景物有稻草作品、各种各样的鲜花 2. 通过对稻草作品的造型、色彩的欣赏，感受稻草作品所蕴含的特点 3. 在欣赏过程中能积极表达自己对稻草作品的感受	1. 自制出游路线图 2. 穿着轻便的衣服、鞋子以及小水壶 3. 照相机、录像机、图画本、水彩笔等	1. 活动前家长与幼儿一起通过查询地图、网上查询资料、询问他人等制订出游计划以及规划好出游路线图等 2. 家长鼓励幼儿自主收拾出游所需的物品，并一起出发去稻草农业公园 3. 活动过程中家长与幼儿一起畅游稻草农业公园，引导幼儿观察、欣赏各种各样的稻草作品以及美丽景色 4. 活动过程中家长鼓励幼儿对自己感兴趣的事物进行记录、拍摄，并积极主动地表达自己游玩公园后的感受	1. 注意引导幼儿遵守公共场所安全规则，学会保护自己 2. 引导幼儿观察稻草作品的造型、色彩美，引导幼儿通过颜色、形状区分不同的花朵

活动二：西塘童话小镇有什么呢？

【活动目标】

1. 感知西塘的美，激发爱家乡、爱从化的情感。
2. 会用“有……有……还有……”的句式来描述西塘童话小镇的景物。
3. 欣赏稻草作品，感受其造型美和色彩美，并大胆与同伴分享交流。

【活动准备】

经验准备：幼儿有去过西塘童话小镇的经历。

物质准备：亲子实地参观西塘童话小镇，亲子制作的小图书《漂亮的西塘童话小镇》，实地拍摄的西塘稻草农业公园稻草作品的视频。

【活动过程】

一、谈话导入，回忆参观西塘童话小镇的情景

师：周末，爸爸妈妈带我们参观了什么地方？在西塘童话小镇里，你发现了什么？

二、自主分享在西塘童话小镇的新发现

鼓励幼儿用“有……有……还有……”的句式来表述自己的发现。

1. 结合小图书，自主分享自己的发现。

师：请你说说书上有些什么？它们是怎样的？

2. 集中分享。

师：谁愿意用“有……有……还有……”的句式

分享自己的发现

说出自己的发现？

3. 小结，提升经验。

师：在西塘童话小镇里，我们发现有很多东西，有……有……还有……（花、稻草作品、禾苗、香蕉、木瓜、蔬菜、青头鸭、磨豆浆、树木、稻草基地编织、摘菜基地）。

三、观看稻草农业公园有关稻草作品的视频并分享自己的发现

1. 观看视频。

师：我们再来看看视频，西塘还有什么？

2. 分享发现。

师：你还发现了什么？（各种各样的稻草作品）

师：它们是怎样的？是用什么做出来的？你觉得它们的造型怎样？你最喜欢哪一个稻草作品？

四、谈话拓展：你最想和爸爸妈妈制作的稻草作品

【家庭亲子活动】

共同制订计划表

活动目标	活动准备	活动内容	注意事项
1. 发挥想象，根据自己的想法创作稻草作品 2. 知道并掌握编织稻草的基本步骤 3. 发展手、眼、脑的协调能力，体验成功和编织乐趣	1. 箱子、盒子、报纸、铁罐、光碟等 2. 稻草、木片、木屑、藤等材料 3. 编织架、剪刀等	1. 活动前家长与幼儿一起通过网上查询资料、询问他人等方式了解编稻草作品的步骤 2. 共同商量要做一个什么样的稻草作品、需要用什么材料 3. 活动过程中家长与幼儿一起合作完成，例如：编稻草绳时，一个人抓着稻草头，一个人编辫子，会更容易、更快把辫子编好 4. 稻草作品完成后还可以对其进行艺术装饰	1. 注意幼儿使用剪刀的安全 2. 在编稻草的过程中，幼儿可能力气不够，家长需要在旁协助 3. 家长多鼓励幼儿自己动手操作，多次尝试，不怕失败

活动三：稻草变变变

【活动目标】

1. 体验利用稻草作画的乐趣，萌生爱护自然环境的情感。

2. 能按自己的意愿运用稻草进行粘贴作画，掌握剪、粘贴、绕的方法。

3. 养成会收拾材料、摆放整齐的好习惯。

【活动准备】

经验准备：在园内种植园观察禾苗的生长。

物质准备：关于稻草的用途 PPT；稻草作品图片；稻草若干，白乳胶、作画底板等。

【活动过程】

一、说说稻草

1. 探索稻草

师：在西塘稻草农业公园里我们发现了很多用稻草制作的作品，稻草是怎样的呢？我们

一起来看一看、摸一摸，大胆跟同伴分享自己的发现吧。

2. 了解稻草的作用。

师：稻草除了用来编织作品外，还有什么用处呢？

3. 观看 PPT，进一步加深对稻草用处的了解。

师：稻草还有什么用处呢？我们一起来看看。（粘贴画、编织、做稻草人、当柴火烧、用稻草绳玩游戏等）

二、玩玩稻草

幼儿自主选择不同的材料进行创作。

师：原来稻草是那么有用的，做出来的手工作品又是那么美。我们分成两组，用稻草作画吧。

A 组：稻草粘贴画

B 组：用稻草绕瓶子，装饰瓶子。

准备稻草材料

稻草粘贴画

三、欣赏作品

1. 鼓励幼儿自信地分享作品。

2. 师：你的作品用什么材料做的？用了什么方法？你最喜欢哪一幅作品？它什么地方漂亮？

四、收拾材料：幼儿细心、整齐、有序地收拾好材料。

活动四：小禾苗长在哪里？

【活动目标】

1. 对探索小禾苗感兴趣，愿意用各种感官进行探索。

2. 知道小禾苗是长在泥土里的，长大后会长出稻谷，最后变成我们吃的米饭。

3. 感知粮食的来之不易，有爱惜粮食的意识。

【活动准备】

经验准备：观察种植园里禾苗的生长。

物质准备：小禾苗长成稻谷的相关图片、幼儿园的花池小稻田。

【活动过程】

一、谈话导入

师:“小朋友,你知道稻草是从哪里来的吗?小禾苗长在哪里?”

二、观察禾苗

师:我们幼儿园也有小禾苗呢,我们一起去看看小禾苗究竟长在哪里的。

1. 说说禾苗是怎样的?它的生长需要什么?

2. 给禾苗浇浇水,观察泥土的变化。

三、结合图片,自主探索小禾苗的生长过程(从拔节、抽穗、扬花、完熟、收割,到晒干成稻草)

师:小禾苗一天天长大,生长成稻谷,变成稻草,需要经历哪些阶段呢?请你看一看、摆一摆,在操作材料中能否找到答案?

四、活动延伸

1. 户外观察,继续给小禾苗浇浇水,拔拔草。

2. 日常中渗透儿歌《悯农》,使幼儿体会“粒粒皆辛苦”的道理,懂得珍惜粮食。

观察禾苗

活动五:有趣的青头鸭

【活动目标】

1. 对探索青头鸭感兴趣,乐于运用各种感官进行探索。

2. 能用自己的语言说出对青头鸭特征的发现。

【活动准备】

经验准备:有观察过鸭子和鹅的经验。

物质准备:幼儿园动物角的青头鸭、青头鸭的图片、鹅的图片。

【活动过程】

一、出示青头鸭的图片,导入活动

师:看看这是什么?在哪里见过?

二、辨析鸭子和鹅

1. 自主观看图片,看一看、比一比鸭子和鹅。

师:请你认真看一看、比一比,是鸭子还是鹅呢?

2. 结合图片,分享交流。

师:你发现了什么?它们分别是什么?是怎样的?有什么不同?

三、进一步探索青头鸭的特征

师:青头鸭究竟是不是你们说的那样呢?我们一起来到动物角里看一看吧。

1. 分享发现。

师:青头鸭是怎样的?它们在干什么?跟其他鸭子比较,头上有什么不同?(头上有绿色的毛)

2. 提升经验,进行小结。

师：原来青头鸭体形较圆，头较大，并有绿色光泽和绿色的毛，眼睛白……

四、活动延伸

收集青头鸭和鹅的图片投放到科学区，幼儿自主观察。

活动六：发现菜虫

【活动目标】

1. 对探索菜虫感兴趣，能认真细致地观察、寻找菜虫。
2. 了解幼儿园的蔬菜，知道菜虫是害虫，会危害蔬菜的生长。
3. 尝试照顾蔬菜，给蔬菜浇浇水、拔拔草，体验劳动的乐趣。

【活动准备】

经验准备：日常生活中的观察幼儿园的蔬菜。

物质准备：花洒、饮料瓶、铲子、小锄头等。

【活动过程】

一、导入活动

师：请小朋友回忆一下，在西塘童话小镇观察蔬菜时发现了什么？（菜叶上的洞洞、虫子……）

师：幼儿园里也种了很多蔬菜，我们去看一看，也许会有新发现哦！

二、观察幼儿园的蔬菜

1. 观察种植园。

师："你发现种植园里有什么呢？"（不同品种的蔬菜、菜叶上的洞洞、虫子、肥料……）

2. 讨论："菜叶上为什么有洞洞？菜叶上的洞洞究竟是谁弄的？"（小鸟吃的、小朋友抠的、雨点滴的、虫子吃的……）

3. 找虫子。

师："我们一起找找虫子在哪里？它长什么样子？"

4. 师幼讨论。

师："菜虫是害虫还是益虫？"

小结：菜虫吃掉菜叶，让蔬菜生病，是害虫。

5. 幼儿自主给蔬菜除害虫、浇水、拔草。

观察蔬菜

发现菜虫

三、活动延伸

继续观察蔬菜的生长，给蔬菜除害虫、浇水、拔草。

【区域活动】

区域活动创设参考表

区域名称	内容	材料投放	操作建议	指导建议
语言区	自制图书《快乐游西塘》	《快乐游西塘》小图书	结合《快乐游西塘》小图书，大胆与同伴分享交流	引导幼儿用“有……有……还有……”的句式大胆与同伴分享交流
	小禾苗的生长过程图片	小禾苗的生长过程图片	摆一摆、说一说	引导幼儿通过摆一摆、说一说大胆与同伴分享交流
美工区	稻草粘贴画	稻草作品范例、稻草、浆糊	用修整好的稻草进行大胆粘贴创作	引导幼儿掌握粘贴的方法，粘贴各种作品
	西塘的花	水彩笔、油性笔、画笔、蜡笔、水粉颜料、皱纸、浆糊、超轻黏土、树枝等	用画、粘贴等形式表现西塘的花	鼓励幼儿大胆选择各种方式表现各种花，注意花的造型、颜色的配搭
	绕一绕	稻草、稻草绳、纸卷筒、瓶子等	用稻草或稻草绳通过绕一绕、贴一贴的方法装饰纸卷筒或瓶子	指导幼儿大胆用稻草通过绕一绕的方法装饰瓶子，并变成各种造型
角色区	美食坊	自制的各种食物	知道买和卖的不同，会与同伴商量好角色进行买卖游戏	引导幼儿知道买卖的流程，正确使用“你好、欢迎光临”等文明用语，在游戏结束后懂得分类收拾材料
	磨豆浆	泡过的黄豆、石磨、小水桶	会将豆子放进小孔里，按一个方向转动石磨	引导幼儿学会两两合作磨豆浆，一人放豆一人磨
建构区	搭建西塘稻草农业公园	稻草作品、砖块、纸卷筒、花、纸板、各种瓶子等	大胆选择各种材料搭建稻草农业公园里的景物	帮助幼儿用围合、排序、垒高等方法进行合作搭建

活动记录与支持

以下是教师在开展主题活动中，支持幼儿主动学习的其中一个故事记录。

搭建西塘稻草公园

孩子们对于稻草公园非常感兴趣，在区域活动里，灏扬、荣浩、思慧、钟政开心地来到建构区。灏扬说：“我们来建稻草公园吧。”大家同意了灏扬的建议，于是共同合作，同心协力进行围墙搭建。灏扬说：“我们要建一个大大的公园，要将围墙围大一点。”荣浩拿起砖块一个接一个地拼接，灏扬看见了，说：“荣浩，这样搭围墙，外面的人才能看到里面的东西。”然后一本正经地示范着搭围墙的方法。大家看见灏扬搭围墙的方法后也像灏扬那样搭建了起来，

搭建围墙

很快围墙搭建好了。

从孩子们利用砖块共同搭建围墙可以看出：在自由自主的状态下，孩子们有一定的合作能力，同时也能看到他们是乐于听取别人意见、善于表达、爱思考的。

荣浩说："我来摆稻草作品。"思慧和钟政说："我们来建房子。"庆宁说："公园里的小路我来铺。"说完他们就各自选取需要的材料忙碌起来。庆宁拿起小纸板一块接一块，很快就将小路铺好了。而这边的思慧和钟政也干得热火朝天，思慧拿起2个纸卷筒竖放在公园里的一边，然后又将大纸皮平放在纸卷筒的上面。钟政说："思慧，这是什么？""房子呀，我们上次在西塘磨豆浆那里的房子就是这样的。"钟政说："对对对，那里还有石磨呢。"于是钟政拿起一个大纸卷筒，里面放进一个矿泉水瓶："这是石磨，有好多个石磨的。"然后，连续在房子的前面放了很多个"石磨"。荣浩将稻草作品分开摆放在公园的各个角落后，也在养乐多瓶里放进一个螺丝玩具，边说边摆放在小路旁边："这是小人儿，在看稻草作品。"

从孩子的分享、商量、讨论以及搭建的过程中，可以看到孩子们对西塘稻草农业公园有着浓厚的兴趣，对公园里面的一草一物很熟悉。因此，在搭建的过程中，孩子们能够做到自主地分工，有目的地进行搭建。

庆宁铺了小路后，和灏扬、芷瑜在讨论："用什么来做花？"他们一度迷茫着，但是没有放弃，眼睛一直盯着建构区的材料，思考着。突然庆宁的眼睛"有神"了，拿起五彩插塑玩具对着芷瑜说："这个玩具像花吗？"芷瑜说："好呀！这个可以做花，摆放在公园里，一定很漂亮。"孩子们能有这样的想法，我很惊讶，情不自禁地竖起大拇指说："你们很会思考，能借助玩具的颜色和形状替代花。"听到我的表扬，他们干劲更足了。瞧！孩子们将拼接好的花摆放在公园里，五颜六色的花一下子成了公园里的一个亮点。看着他们的搭建，我适时向他们抛出了一个问题："还有什么可以代替更多的花呢？"

他们摸摸脑袋，眼睛不停地四处张望。庆宁说："可以将美工区制作的花当成公园里的千日红。"芷瑜看见角色区的真花又有了新的想法："将娃娃家的真花也搬过来。"说着，庆宁和荣浩从美工区里小心翼翼地搬来了手工制作的花，摆放在公园里，而芷榆从娃娃家搬来了真花，用大纸卷筒插好摆放在公园的门口，更加吸引人了，真真假假的花以及创意的稻草作品将公园装扮得更有特色了。

当遇到须"以物代物"创设花园时，孩子们能善于观察建构区里的材料，想到用插塑玩具拼接成花，运用到今天的建构游戏之中。他们的聪明才智真让我震惊，小脑袋里竟然藏着这么多新奇的想法！甚至将美工区制作的手工花以及娃娃家的真花搬到活动中来，他们是多么细心又乐于观察和发现的孩子啊！而老师适时地夸赞孩子，给予他们更大的鼓励与支持，把孩子们的活动推向高潮。

公园里的花

【教师反思】

陶行知先生倡导“生活教育”理论，对于孩子来说，生活中处处是学习，幼儿的建构游戏大多来源于生活。孩子的生活经验和知识经验越多，游戏的内容就越丰富、充实与新颖。孩子们对于稻草公园探索的兴趣非常浓厚，结合自己的经验把所见所闻都融入到了游戏之中。例如：公园里面的房屋、围墙、小路，还有各种稻草作品等，孩子们乐于把自己建构的成果介绍给同伴，激发更多的同伴参与这个游戏。在游戏中会遇到各种各样的问题，教师营造了开放式游戏环境，促进幼儿养成积极的思维方式，遇到问题要学会想办法，提高解决问题的能力。如在搭建公园的围墙时，幼儿遇到了建筑物倒塌、搭高够不着等问题，教师就去引发幼儿讨论和再实践的探索兴趣。孩子们想出站在椅子上可以搭得高的办法，以及自己能力达不到时请老师帮忙等多种解决问题的办法。在后续探索中，教师应给予孩子更充足的时间和空间。同时，如何拓展幼儿已有的搭建经验，引导幼儿整合大积木建构区和桌面建构区，是我们随着活动的开展须深入思考的问题。

小班：亲亲玫瑰园①

主题活动核心理念

陈鹤琴先生提出“大自然、大社会都是活教材”的观点，主张让孩子们从书本、从室内呆板的活动扩展到大自然、大社会中认识真事物。陶行知先生提出“教学做合一”的方法论，认为幼儿的学习应该以直接经验为主，经验来源于生活，来源于实际操作。《指南》中指出：“幼儿的学习是以直接经验为基础的，贴近幼儿生活的周边事物是很好的教材。”宝趣玫瑰园位于田园风光优美的从化城郊街西和村，它是国内首个以玫瑰文化为特色的主题公园。孩子们很向往这个五彩斑斓的玫瑰园，我们关注到了幼儿的兴趣，便通过看看、说说等方式，在一系列的探究过程中，发展幼儿的探究能力，使其学会发现身边的新事物，在直接感知、亲身体验和实际操作中积累更多的知识。

来源与经验

一天，老师泡了一杯玫瑰花茶，透明的玻璃杯内粉红粉红的玫瑰花，把孩子们吸引住了。他们便向老师提出了各种问题：“老师，你喝的是什么茶呀？”“里面的茶叶好漂亮啊！”“好香啊！这是什么味道？”当孩子们知道是玫瑰花茶后，又展开了热烈的讨论。彦良说：“爸爸带我去过玫瑰园玩，那里有好多玫瑰花，好漂亮的！”“那里的玫瑰花五颜六色，品种很多。”“我姑姑去云南旅游，买了玫瑰花饼，甜甜的、香香的，可好吃了！”……孩子们的经历丰富又美好！一些看似平常的东西，在孩子们的眼里却都充满了新奇！瞧！玫瑰园里的花朵们正争奇斗艳地盛开着，让我们带着孩子一起走进“玫瑰园”看看吧。

① 由陈彩连、冯艳娴撰写。

基于幼儿的兴趣及其发展需要，从孩子的视角出发，教师们共同探讨并设计了“亲亲玫瑰园”主题实施路径。

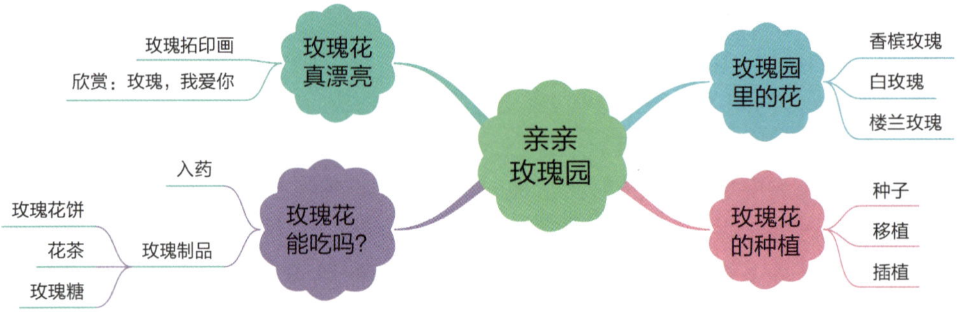

主题实施路径图

目标建议

目标建议

健康	认识、了解玫瑰花的各种制品和不同的食法，探索玫瑰花的作用，知道它在生活中的应用
语言	1. 根据图片内容，用“有……有……还有……”句式讲述玫瑰园里有趣的事物 2. 对玫瑰花感兴趣，愿意与同伴分享交流自己的发现和经验 3. 用礼貌的语言表达自己的请求和感谢，养成讲礼貌的习惯
社会	1. 在游玩、观赏、探索中走进大自然，了解从化玫瑰公园，产生热爱家乡和保护环境的积极情感 2. 感受大自然美丽的景象，以各种方式表达自己的情感与体验
科学	1. 通过看看、闻闻、摸摸等感知各种花儿的外形特征，了解花的用途、生长特点等 2. 感知花的多样性，认识大小标记，学习按大小标记将花朵分类摆放 3. 通过种植玫瑰花获得种植的相关经验和知识 4. 尝试运用不同的图像或符号，表达自己在花园里的发现
艺术	1. 喜欢欣赏美丽的玫瑰花，感受大自然的美 2. 在欣赏各种各样的玫瑰花作品的基础上，感受其造型美和色彩美，乐意尝试用各种材料进行粘贴、点画

问题情境预设

幼儿的问题

1. 玫瑰花有什么颜色？
2. 玫瑰花为什么蔫了？
3. 种下的玫瑰花，能长起来吗？

(续表)

4. 玫瑰花有种子吗？是怎样种的呢？
5. 玫瑰花可以做什么？
6. 粉红色的玫瑰花泡出来的茶为什么不是粉红色的呢？花瓣能不能直接摘下来泡茶喝呢？
7. 用什么水能泡开玫瑰花干？

教师的问题
1. 玫瑰花的花瓣都一样吗？
2. 玫瑰花有什么用途？
3. 所有的玫瑰花都能吃吗？
4. 孩子认识哪些玫瑰花的名字，玫瑰花有哪些种类？

活动的开展建议

活动一：逛玫瑰园

【活动目标】

1. 通过分享见闻，感受玫瑰园的美丽，增强探索的热情。
2. 能够根据图片内容，用“有……有……还有……”的句式讲述玫瑰园里有趣的东西。
3. 安静地听同伴说话，不随便插嘴，养成倾听别人讲话的好习惯。

【活动准备】

经验准备：有逛玫瑰园的经验。

物质准备：各种玫瑰花图；亲子逛玫瑰园的调查记录表。

【活动过程】

一、谈话导入

1. 幼儿回忆逛玫瑰公园的情景，结合经验，谈谈自己在玫瑰园的见闻，在交流中运用短句和关连词句，发展语言表达能力。

2. 师：小朋友，上周末你们和爸爸妈妈都去了哪里玩呢？(玫瑰园)在公园里，你们看到了什么？玩过什么？你的心情是怎样的？

二、分享玫瑰园里的新发现

1. 师幼共同分享逛玫瑰公园的美好时光(结合幼儿带来的图片、录像进行展示)。

2. 小组分享：幼儿与同伴自由交流逛玫瑰园的开心事情，教师观察倾听，随机帮助幼儿提升语言表述能力。

幼儿分享玫瑰园的开心事

师：请你和好朋友分享一下逛玫瑰园的开心事情。

3. 个别分享：请个别幼儿结合记录表分享自己的见闻，引导幼儿用“有……有……还有……”的句式进行表达。

师：请你用“有……有……还有……”，说说自己在玫瑰园里看见的东西。

4. 小结：我们在玫瑰园里发现了各种玫瑰花，有金枝玉叶，有状元红，还有阿班斯……；有滑滑梯、跷跷板，有摇摇马，还有……；在玫瑰园公园还有人喂白鸽、喂鸭子，还有人喂山羊……；有好吃的棉花糖，有滑滑的豆腐花，还有香香的玫瑰饼……。

三、关注玫瑰园里各种各样的花卉

师：你在玫瑰花园还看到了什么花？它们是怎样的？

四、户外找花

师：玫瑰园有玫瑰花、郁金香、杜鹃花等，真漂亮。除了玫瑰园有各种各样的花，你们还发现我们身边哪里有花呢？花儿有什么颜色？花儿的样子是怎样的？（有花心、花瓣、花托）我们一起在幼儿园找找吧。

活动二：玫瑰花开了

【活动目标】

1. 通过看看、闻闻、摸摸等方式感知花儿的外形特征。
2. 懂得将自己所观察到的东西用不同的方法进行记录。
3. 在观察中进一步萌发爱花、护花、保护环境的意识。

【活动准备】

经验准备：有初步的观察经验。

物质准备：幼儿园户外小花园；观察记录表；各色记号笔。

【活动过程】

一、幼儿在花海中进行观察，对玫瑰花产生兴趣

师：这里有一个美丽的玫瑰花园，我们一起来找找有没有你认识的玫瑰花。

1. 师幼共同进入小花园：今天我们去小花园玩，要注意保护花儿哦。
2. 观察环境：你看见这些花，感觉怎么样？
3. 幼儿自由分享：你认识小花园里的哪些花呀？
4. 出示记录表：小花园里的花长什么样的，能记录下来吗？
5. 启发幼儿用符号、颜色记录自己的发现。

二、自由欣赏各种玫瑰花

1. 鼓励幼儿大胆用多种感官看、闻、摸，感知玫瑰花的外形特征（注意保护好自己，不要刺到手），并大胆用完整语言表达。

2. 重点引导幼儿观察玫瑰花的枝、叶，花的颜色及花瓣的形状。

师：你发现玫瑰花是什么样子的？每一支玫瑰花都一样吗？它们有哪些不一样的地方？闻闻玫瑰花是什么气味的？请你用画本记录自己的发现。

三、共同分享发现

小结：原来玫瑰花有不同颜色、不同形状，名字也不一样，有红白色的“小三毛”、黄色带

有红边的“阿班斯”、玫红色的“异彩”、白色的“白圣诞”、粉白色的“朝云”等。

活动三：美丽的玫瑰花

【活动目标】

1. 尝试用自己喜欢的方式大胆表现各种各样的玫瑰花。
2. 能根据所观察到的细节大胆地和同伴进行交流。
3. 提高动手操作的能力，体验自主作画的乐趣。

【活动准备】

经验准备：了解玫瑰花的种类。

物质准备：各色颜料、纸，棉签、印章若干，关于玫瑰花的 PPT。

漂亮的玫瑰花

【活动过程】

一、谈话导入，引发兴趣

师：小朋友们，上次我们去逛公园你还记得看到的玫瑰花是怎样的吗？是什么颜色的？

二、观看 PPT，再次仔细观察玫瑰花的花型、颜色、花瓣形状等特征

师：我们一起来看看，这些玫瑰花跟我们平时看到的一样吗？有什么不一样？

师：这朵玫瑰花的形状是怎样的？是什么颜色？花瓣的形状像什么？

三、自由创作，画玫瑰花

1. 幼儿自主选择不同材料表现和创作玫瑰园里的各种各样的鲜花，组合表现鲜花盛放的景象。

2. 在画纸上画花，用于装扮教室。

（1）老师介绍画画的材料及方法（水粉点彩、玩具拓印、棉签涂鸦）。

（2）幼儿自由分组创作。

四、欣赏评价

将幼儿创作的作品汇合成“花海”，师幼共同欣赏评价，表扬大胆作画的幼儿以及讲卫生、爱清洁的幼儿。

活动四：我把花朵送回家

【活动目标】

1. 感知物体大小，能给物体按大小进行分类。
2. 发展初步的分析、判断和概括能力。
3. 乐意参加数学活动，并体验其乐趣。

【活动准备】

经验准备：已有对物品进行按特征分类的经验。

物质准备：各种大小的玫瑰花；两个筐。

【活动过程】

一、看一看、比一比，说特征

1. 自由观察花。

师：春天到了，花朵都开了，小朋友们仔细看看身边的花吧。

师：我们看看找到的花朵一样吗？哪里不一样呢？（发现花朵的形状、颜色、大小不一样。）

2. 按要求分花朵。

师：现在，请宝贝们与花朵一起玩游戏。我们一起拿着花朵来玩“我说你举”的游戏，我说大（或小）你们举大（或小）的花朵（要引导幼儿完整说出“我举大花朵、我举小花朵”）。

3. 比较花朵大小：“你的花朵是大的还是小的？你是跟谁比的？”

二、分一分、认一认，送花朵回家

1. 教师出示带有大小标记的筐子：猜猜这两个筐子是放什么花朵的？

师：你是从哪看出来的？谁来试一试？

2. 尝试用身体动作表示大小标记，了解大小标记的意义。

师：花朵玩累了要回家了，请你们看清楚标志把这些花朵送回家。

师：为什么你将这朵花放在这个筐里？（鼓励幼儿边放边讲：大花朵我送你进有大标记的家里，小花朵我送你进有小标记的家里。）

三、活动延伸

继续观察生活中大大小小的物品，有意识地渗透大小的相对性概念。

活动五：玫瑰花制品

【活动目标】

1. 对玫瑰花制品感兴趣，愿意与同伴分享交流自己的发现。

2. 认识、了解玫瑰花各种制品和不同的食法。

3. 运用看、闻、尝、摸等多种感官认识玫瑰花制品，发展观察比较能力和语言表达能力。

【活动准备】

经验准备：家长带幼儿参观食品超市，认识各种玫瑰花制品。

物质准备：各种玫瑰花图，不同品种的玫瑰花制品。

【活动过程】

玫瑰花制品

一、回顾上一周活动，激发对玫瑰花制品的兴趣

师：上一次我们小朋友都带回来了许多的玫瑰花，你最喜欢哪种玫瑰花呢？玫瑰花有不一样的颜色、香味和种类，我们能不能把玫瑰花保存下来做一些可以让自己能吃、能玩、能看的东西呢？

二、感知玫瑰花制品的特点

师：这里有许多玫瑰花制品，看谁能找出是用哪些玫瑰花做出来的？我们一起去看看。

师：你发现有什么东西是用玫瑰花做的？这是

用来玩的，还是吃的，还是看的，还是喝的？（重点引导幼儿观察玫瑰花制品的种类：玫瑰花饼、玫瑰花露、玫瑰花茶、玫瑰花沐浴露……）

1. 师幼交流分享各种玫瑰花制品的特点。

2. 幼儿自由选择各种不同玫瑰花制品进行品尝，感受其味道和食法。

3. 鼓励幼儿积极交流，分享自己的感受。

三、小结

师：玫瑰花制品有吃的，也有日用的，玫瑰花的功能可厉害了！食用玫瑰制品，柔肝醒胃，舒气活血，美容养颜，令人神爽！

【家庭亲子活动】

共同制订计划表

活动目标	活动准备	活动内容	注意事项
1. 知道书签的作用与意义 2. 通过活动，知道制作玫瑰书签的方法、步骤，并感知玫瑰花的多种用途	玫瑰花、书本、透明胶、过塑纸、面纸巾	1. 幼儿将玫瑰花拆成一片一片的花瓣，然后拿一本书，按照“一层面纸巾→一层花瓣→再一层面纸巾”的顺序，将花瓣夹在书本的中间（放面巾纸是为了吸收花瓣多余的水分，让花瓣干透） 2. 家长与幼儿一起将花瓣全部摆好后，合上书，用力按下去。然后，把这本书压在一堆书的最下面，压制一个星期左右就可以了 3. 幼儿与家长按照自己的心意拼成不同的图案，用透明胶固定，最后用过塑纸过塑。这样，自己亲手制作的玫瑰书签就完成了	1. 注意使用过塑机的安全，家长要陪同幼儿一起完成 2. 活动中及时给予鼓励，增强幼儿的自信心 3. 引导幼儿大胆运用不同的图案来制作书签

活动六：泡玫瑰花茶

【活动目标】

1. 知道泡茶的步骤，初步感受中国的茶文化。

2. 了解泡茶工具，在泡茶过程中发现和感知花的变化、水的变化（花开了，水变色了）。

3. 通过尝试泡花茶，培养敏锐的观察能力。

【活动准备】

经验准备：家长带幼儿到超市认识不同的泡茶工具。

物质准备：各种各样的茶叶和有关资料、茶具，视频“大家来泡茶”。

【活动过程】

一、介绍玫瑰花茶

1. 教师出示玫瑰花茶，请幼儿回忆已有经验，了解什么是花茶。

2. 请幼儿说出一两种花茶的品种，对花茶有初步的认知。

二、展示茶具，了解茶具

1. 通过观察茶具，了解泡茶要用专门的茶具。

2. 师：有没有看过这些茶具？在哪里看过？

3. 师：茶具有什么作用？谁会用到这些东西？

小结：茶具是用来泡茶的，一套茶具里包含茶匙、茶夹、茶盘、茶壶、杯托等。有小朋友的爸爸、爷爷经常泡茶喝。

三、观察泡茶，了解泡茶过程

1. 观看视频"大家来泡茶"片段，一起讨论泡茶的步骤。

2. 教师示范泡茶。

3. 观察茶叶在热水中外形、颜色、味道的变化。

教师按照泡茶的步骤泡茶给幼儿喝。先将一撮干花茶放在干净的布上给幼儿看，请幼儿注意观察花茶的外形、颜色，并闻闻花茶叶的味道。然后，再注入水。

师：泡过的花茶有了什么变化？

4. 尝试泡茶。

教师泡茶，让幼儿摆放茶具、放茶叶，适当参与、体验泡茶的过程。

5. 幼儿品茶。

师：小朋友可以看看、闻闻、尝尝，用茶叶泡的茶与平时我们喝的水的味道、颜色有什么不同？

小结：茶要用开水泡，茶放进杯子里，花朵慢慢散开，水的颜色从透明慢慢变成淡黄色或淡粉红色等，茶色由浅变深。

尝试泡茶

【家庭亲子活动】

共同制订计划表

活动目标	活动准备	活动内容	注意事项
1. 通过动手制作玫瑰花饼干，知道玫瑰花能做出不同的制品 2. 能在活动中，练习搅、揉、捏等劳动技能	1. 低筋面粉、黄油、鸡蛋、糖粉、玫瑰花 2. 幼儿可用的塑料手套、制饼干的器具等	1. 家长提前将黄油软化，幼儿在软化后的黄油中加入糖粉搅打均匀即可，然后加入鸡蛋液搅打均匀，直至完全融合 2. 幼儿继续加入低筋面粉，把玫瑰花切碎，将做好的面糊放入保鲜盒子里整形成方块，连同盒子一起放入冰箱冷冻 1 个小时直到变硬 3. 家长与幼儿一起将变硬的玫瑰花饼干取出切薄片，摆入烤盘，烤 20 分钟左右 4. 也可以用不同的模具制作出不同形状的玫瑰花饼干	1. 活动中要给予幼儿适当的鼓励，并提醒幼儿注意安全使用器具 2. 告诉幼儿不能浪费粮食

活动七：种玫瑰花

【活动目标】

1. 愿意尝试种植玫瑰花，不怕脏不怕累。
2. 通过种植玫瑰花获得种植活动的相关经验和知识。
3. 关注植物的生长，愿意连续观察自己种植的玫瑰花。

【活动准备】

经验准备：已对玫瑰花有了认识，知道了玫瑰花有很多的作用，初步知道玫瑰花是用玫瑰花枝条或玫瑰种子种的。

物质准备：玫瑰花种子、玫瑰花枝条若干，废旧的罐子、小铲子、浇水用的小杯子若干。

【活动过程】

一、师幼回顾上一周的活动，激发幼儿对种植玫瑰花的兴趣

师：近段时间，我们都和玫瑰花交上了朋友，请小朋友回想一下，你对玫瑰花哪方面感兴趣？哪方面印象最深？（玫瑰花还可以做出各种玫瑰花制品，有玫瑰饼、玫瑰花糕、玫瑰花糖，还有玫瑰花黑糖……）这么漂亮的玫瑰花还可以做成那么多好吃、好看、好用的制品，那谁知道玫瑰花是怎样种出来的呢？（幼儿自由猜测讲述）

二、尝试种植玫瑰花

1. 讨论：怎样种植玫瑰花？

师：你知道玫瑰花是怎样种植的吗？（有插种的，有播种子的，还有移植的。）

师：种玫瑰花需要什么？怎么种呢？（启发幼儿说说种植的步骤）

例如：先用铲子翻松花盆的泥土；挖一个小坑，放进种子；在上面盖上泥土，再浇上水。

种玫瑰花

2. 讨论：需要什么工具和条件，玫瑰有刺怎么办？

3. 种植玫瑰花。

(1) 分别出示花盆、泥土、铲子、喷壶等种植工具，请幼儿说出工具名称。

(2) 幼儿开始种植玫瑰花，教师关注幼儿的种植活动。

(3) 种好后，端平花盆，放到自然角。

【区域活动】

区域活动创设参考表

区域名称	内容	材料投放	操作建议	指导建议
语言区	快乐分享	有关玫瑰花的书籍、亲子制作的图书等	在认真欣赏图片的基础上，大胆说出对玫瑰花的发现	细致观察画面，大胆用自己的语言向同伴分享自己的发现，对玫瑰花有一定的认识

（续表）

区域名称	内容	材料投放	操作建议	指导建议
美工区	制作玫瑰花	各种瓶子、盒子、小树枝、拓印工具	幼儿自主选择材料，探索制作或装饰玫瑰花	大胆想象，选择各种材料制作或装饰不同的玫瑰花
角色区	玫瑰花商店	各种自制玫瑰花，各种花篮或花瓶	创设玫瑰花商店场景，进行自主游戏	友好合作，共同创设玫瑰花商店。游戏过程中注意正确使用文明用语，游戏结束后懂得收拾材料
科学区	玫瑰花的秘密	玫瑰花生长过程的图片、玫瑰花制品	通过看一看、摆一摆、说一说、闻一闻、泡一泡等途径，探索玫瑰花的生长过程以及玫瑰花制品	通过各种途径自主探索玫瑰花的生长过程和玫瑰花制品，并能大胆与同伴分享和交流
	分类排列	提供不同形状、颜色的玫瑰花	利用不同玫瑰花的图片自主探索排列和分类	引导幼儿大胆运用相关的图片通过摆一摆等进行排列和分类，并会用语言表达操作的情况

活动记录与支持

以下是教师在开展主题活动中，支持幼儿主动学习的其中一个故事记录。

咦，玫瑰花为什么谢了？

靖淳的妈妈去花店买了一束粉色的玫瑰花放在班上，让小朋友观察。粉色的玫瑰花真美啊，孩子们都爱不释手。每天餐后，孩子们都争先恐后地给玫瑰花换水，冲洗瓶子。鲜花是有保质期的，再美的花也有凋谢的一天。周末过后，担心的事情发生了。

周一上午，小朋友回到幼儿园。菲菲一进教室便看了一眼花瓶，大声嚷道："啊，你们快来看啊，这花不漂亮了。"旁边的孩子闻声跑了过来，展开了议论："对啊，这花不美了。""花的头都低下去了，像是在睡觉。""是不是花朵困了，想睡觉啊？你们看看，这叶子还是绿绿的，没有弯腰。""那我们该怎么办啊？""没关系的，可能是放假了好几天，我们没有给它换水，它不开心了。我们现在继续给它换水，说不定，它又长起来了。"子悦的话提醒了大家，大伙儿又满怀激情地给玫瑰花换水、刷洗瓶子，期待玫瑰花再次长起来。

周二，小朋友早早地来到幼儿园，迫不及待地看昨天"低头"的玫瑰花。靖淳伤心地说："啊，你们看，这花还是在低头啊，我希望玫瑰花再长起来，不如我们再一起想想办法吧……""是不是因为我们放的水不够多？""不是的，上星期我们也是放这么多水的。""那我们再给它浇点水，看看明天它会怎样？"孩子们又往花瓶里多放了一点水。宸睿补充说："家里婆婆种菜，要在有太阳的地方晒的，不如我们把花先搬到有太阳晒到的窗台吧？"于是，孩子们满心期待地把花放在西边的窗台上，期待奇迹的出现。

周三早上，孩子们上学了。靖淳惊呼："啊，不得了，这花的头越来越低了。""咦，你们看，这花的花瓣变成褐色了。""对呀，这个有点像我家里泡玫瑰花茶的花干一样。""我们可以用它的花瓣泡茶，一定很香。"建坤提议道："对，我们用它的花瓣晒干泡茶吧！"于是，孩子们找

照顾玫瑰花

把玫瑰花瓣摘下来

花瓣变成褐色了

来了篮子，把奄奄一息的玫瑰花瓣一片一片地摘下来。子悦说："哇，这粉色的玫瑰花可真香啊。"建坤说："我家里有玫红色的玫瑰花干，泡出来的花茶是红色的，这个粉色的花，晒干泡出来会不会是粉色呢？哈哈……"听完建坤说的话，孩子们都哈哈大笑起来。

【教学反思】

教师能够抓住突发事件中的教育契机，就此生成了孩子感兴趣的主题活动。玫瑰园是孩子身边熟悉的公园，他们带着目的逛公园，在分享逛公园的发现时，孩子们都七嘴八舌地说出自己的发现，在认识玫瑰花的种类和玫瑰花制品时，教师首先创设了自由的空间让孩子们自由去发现、探讨、交流，让他们想说、敢说、大胆说。在活动过程中，幼儿始终处于宽松、愉快的氛围之中，他们兴趣高涨，积极主动地学习，真正体现了幼儿的主体性。其次，为幼儿创设一个丰富多样的场景尤为重要，如角色区、娃娃家、美工区等游戏场景。在探讨各种玫瑰花制品的活动时，幼儿可以用收集回来的各种玫瑰膏、饼、糖、茶、洗发水、沐浴露、精油等创设超市，让幼儿自由与同伴进行游戏，分享自己的发现。同时还充分发挥了家长的作用，调动了家长参与活动的积极性。参观玫瑰园时，因为游玩目的明确，因此在游玩时孩子观察得非常认真。游玩回来后，家长们与孩子共同完成调查表，调查表图文并茂，简单易懂。有部分积极的家长还与孩子共同制作了玫瑰花小图书放在语言区里。在分享活动中，孩子们非常积极主动，大胆地与同伴分享自己在公园里的所闻所想，语言表达、自信心及交往能力等有了大大的提升。

中班：广东温泉宾馆大发现①

主题活动核心理念

《纲要》中提出："既要贴近幼儿的生活来选择幼儿感兴趣的事物和问题，又要有助于拓

① 由潘新娣、时丽冕、戚素贞撰写。

展幼儿的经验和视野；要充分利用自然环境和社区的教育资源扩展幼儿生活和学习的空间，幼儿园同时应为社区的早期教育提供服务。”这充分说明了要发挥幼儿园教育与社区教育的合力！广东温泉宾馆藏着很多可探索的秘密，蕴含着很多幼儿感兴趣的资源，如得天独厚的珍稀温泉水资源、丰富多样的动植物、厚重的人文历史资源等。

《纲要》中强调：“要善于发现幼儿感兴趣的事物、游戏和偶发事件中所隐含的教育价值，把握时机，积极引导。”实施过程中我们让幼儿通过观察、比较、探索、记录、讨论以及访谈等活动，用语言、绘画等方式与同伴分享或记录自己的探索感受，从而了解温泉宾馆的美景、温泉水、地理位置等，萌发幼儿从小爱家乡、爱祖国的情感。

来源与经验

“五一”小长假后，孩子们都围在一起分享他们的趣事。许桓诏说：“我和爸爸妈妈去了湖南玩。”肖子乔说：“爸爸妈妈带我去了动物公园。”刘文慧说：“爸爸妈妈带我去海边玩水……”孩子们都在分享自己的假期生活，这时李俊宏说：“爸爸妈妈带我去了广东温泉宾馆玩，那儿可漂亮了，有‘岭南第一温泉’，有‘白石山’，有‘天医处’……一说起广东温泉宾馆，一旁的黄芯悦就接着说：“我知道呀，我也去过广东温泉宾馆，那里还可以泡温泉的，我和妈妈泡过，那里的温泉非常出名，叫岭南第一温泉。”一听是熟悉的广东温泉宾馆，其他的小朋友纷纷围过来继续说：“广东温泉宾馆，还有很多很多的领导人来过这里呢。”听到如此好玩的广东温泉宾馆，孩子们更加兴奋地说：“我们也好想去广东温泉宾馆玩玩。”

基于幼儿的兴趣及其发展需要，从幼儿的视角出发，教师们共同商讨并设计了“亲亲温泉宾馆”主题实施路径。

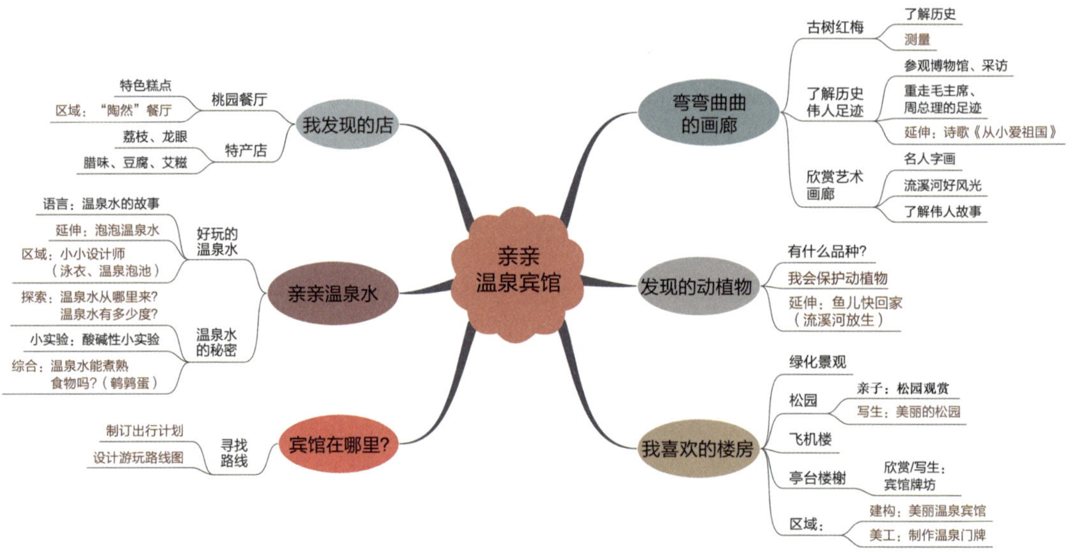

主题实施路径图

目标建议

目标建议

健康	1. 知道必要的安全保健常识，不单独在河边、溪水边玩耍，不翻越护栏 2. 认识家乡常见食物的名称、种类及特点，做到不偏食、不挑食，养成健康的饮食习惯
语言	1. 能耐心倾听他人的话语并做出回应，或提出自己的疑问 2. 能有序、连贯地讲述自己在温泉宾馆所见所闻，或有趣的事 3. 对场景内常见的图示、标志和文字符号感兴趣，知道文字和图示表示一定的意义，并愿意用图画和符号表达自己的愿望与想法
社会	1. 能主动地参与温泉宾馆中的活动，努力做好力所能及的事，不怕困难，有自信心和责任感 2. 乐意与人交往，学习互助、合作和分享，有同情心 3. 感受广东温泉宾馆的珍稀水资源、厚重的人文历史资源和动植物资源等，萌发自豪感和热爱家乡、热爱大自然的情感
科学	1. 对探索温泉宾馆感兴趣，喜欢探究和思考，有好奇心和求知欲 2. 主动参与活动，自主选择材料和方法测量温泉水、楼房、铜像、古树等，在测量中发展动手操作能力 3. 能与父母一起查阅资料，知道温泉宾馆内的“岭南第一温泉”、博物馆内的伟人故事及名家画作
艺术	1. 能初步感受并喜爱温泉场景中环境、生活和艺术的美 2. 喜欢参加艺术活动，并能大胆地表现自己的情感和体验；能用自己喜欢的方式进行艺术表现活动

问题情境预设

幼儿的问题

1. 广东温泉宾馆在哪里？
2. 为什么艺术长廊里有这么多字画？画廊为什么这么长？
3. 艺术长廊为什么有那么多人留下照片？
4. 广东温泉宾馆里有什么？
5. 它为什么叫古树？这棵树为什么会用胶保护呢？它生病了吗？
6. 这棵红梅古树为什么没有红梅花？
7. 周爷爷种的红梅树，几岁了？有多粗？
8. 小松鼠和小老鼠有什么不一样？
9. 陶然餐厅有哪些好吃的？
10. 为什么温泉水是热的？温度多少？真的能煮熟鸡蛋吗？
11. 为什么叫天医处？这里的医生在哪里？
12. 这里怎么会有这么多蘑菇？

教师的问题

1. 参观广东温泉宾馆可以坐什么交通工具去呢？需要带上什么东西？
2. 广东温泉宾馆的字画廊有什么文化意义？字画来自哪里？
3. 广东温泉宾馆的建筑真特别，楼房是什么风格？
4. 广东温泉宾馆有哪些没见过的动植物？

活动的开展建议

活动一：温泉水为什么会冒“烟”？

【活动目标】

1. 对探索温泉水的秘密感兴趣，在集体面前敢于大胆表达自己的想法。
2. 能运用多种感官观察事物，与他人交流自己的发现、探索过程和方法。
3. 提高观察能力和探索能力。

【活动准备】

经验准备：有认识温度计的前期经验，提前了解“温泉水为什么发热”的相关信息。

物质准备：温度计、自制记录表等，与温泉水发热原因相关的图片资源。

探究温泉水

【活动过程】

一、幼儿仔细观察，提出疑问

幼：这里有水啊！是温泉水吗？

幼：这些水为什么会冒“烟”呢？它很烫吗？

二、启发幼儿运用多种感官进行大胆感知、讨论、猜想

1. 运用身体的各种感官进一步感受温泉水。（看、摸、闻）

师：这里是温泉宾馆，这个是温泉水的泉眼，请你们看一看、摸一摸、闻一闻，温泉水是怎样的？

2. 探究温泉水发热的原因。

师：为什么温泉水是热的，从哪里来的？

师：在地下很深很深的地方，有一种叫岩浆的东西，它非常灼热。当地下水从那里经过时，就逐渐被加热，变成了热水。这些热水从地下冒出来，就是我们见到的会冒烟的温泉。

三、探讨、发现测量水温的方法

师：怎样才能知道温泉水到底有多热呢？（测量温度）

幼：用温度计量一量它有多少度吧！

幼儿用温度计测量泉眼上面、中部、下面的水温并记录。

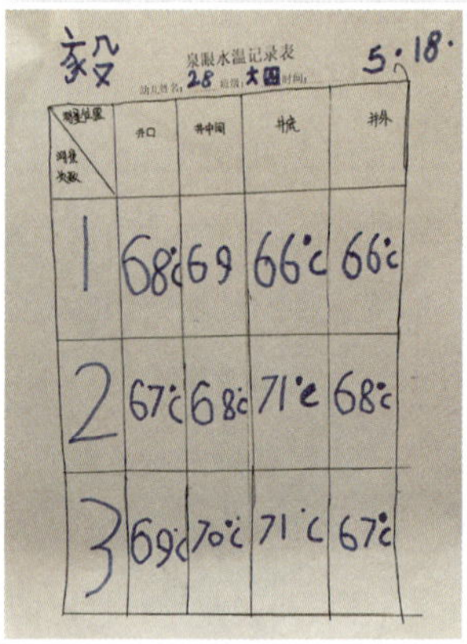

测量温泉水

四、分享与小结

1. 教师提问：你们用温度计测到水温了吗？是多少摄氏度？泉眼里不同位置测到的水温是一样的吗？

2. 幼儿分享自己的测量结果，提出所思考的新的问题。例如：这么热的水，能把食物煮熟吗？这个泉眼就像一个大锅一样，这么多的热水能不能煮鹌鹑蛋来吃啊？

小结：温泉池不同的地方温度不一样，究竟温泉水能否煮熟食物，需要试一试才能知道。

活动二：温泉水竟能煮熟食物

【活动目标】

1. 乐于与同伴探索用温泉水煮食物，体验合作探索的喜悦。

2. 探索制作“温泉蛋”的过程与方法。

3. 积极参与活动，提高动手操作能力。

【活动准备】

经验准备：已有看过爸爸妈妈煮食物的经验。

物质准备：鸡蛋、鸭蛋、鹅蛋、鹌鹑蛋等蛋类及蔬菜；杯子、锅、勺子、网、绳子等工具。

【活动过程】

一、师幼一起讨论、回忆“爸爸妈妈是怎样煮食物的？”

幼：妈妈早餐煮面条给我吃，先把锅里的水烧开，再放一点面条进去煮，再冒“烟”，面条漂起来就是煮熟了。

二、幼儿、教师、家长一起讨论煮熟食物的工具和方法

师：这里有许多食物和工具，试试怎样把食物放在温泉水里煮熟呢？

幼儿自由讨论。

三、幼儿自选工具、食物，尝试用温泉水煮蛋

1. 记录煮蛋时间。

2. 检查蛋是否煮熟。

四、分享与小结

鹌鹑蛋最快煮熟，因为较小；鸡蛋、鸭蛋用的时间长一些；鹅蛋最难熟，因为较大；青菜也可以煮熟的，时间与鹌鹑蛋差不多。天然温泉水竟然能煮熟它们，真神奇。

煮鹌鹑蛋

蛋熟了吗？

活动三：温泉水能喝吗？

【活动目标】

1. 能主动和他人交流、互动、合作，愿意与同伴分享自己的感受。

2. 运用多种感官观察事物，与他人交流自己的发现、探索过程和方法，提高自身观察能力和探索能力。

3. 在探索中提高分析、判断、推理的能力。

【活动准备】

经验准备：提前与爸爸妈妈一起查找“温泉水能喝吗？”的相关资料。

物质准备：漏斗、纱布、杯子。

【活动过程】

一、讨论：“温泉水能喝吗？”

师：小朋友们，今天我们一起来讨论一个问题——温泉水能喝吗？

A组幼儿：温泉水能喝的，因为已经很烫，高温消毒了，是可以喝的。

B组幼儿：温泉水不能喝的，温泉水虽然已经很高温甚至达到沸腾了，但有很多杂质，是不能喝的。

师：有的说可以喝，有的说不能喝，到底能不能喝呢？我们有什么办法？

A组幼儿提出：可以尝一尝。

B组幼儿反对：不行，这样很危险的，会肚子疼，也有可能会中毒，这种方法不行。

A组幼儿继续想办法：我们可以尝试过滤一下，看看这些温泉水有什么变化（全班幼儿异口同声赞成）。

二、小实验：过滤温泉水

1. 师：我们进行“过滤温泉水”小实验，需要准备什么材料呢？

2. 幼儿分工合作寻找材料。

3. 请幼儿思考：过滤后的温泉水会有变化吗？有什么变化？

4. 幼儿制作观察记录表来记录过滤后的温泉水的变化。

5. 小实验步骤：

（1）先请一名幼儿将纱布轻轻铺在漏斗上，另一名幼儿轻轻把温泉水倒入漏斗，慢慢地过滤并流进玻璃杯。

（2）一起观察水的变化（发现纱布上有许多细小的东西）。

（3）幼儿把自己的发现记录下来。

三、分享小实验结果并小结

温泉水通过过滤、煮沸到100度就可以喝，但不能长期饮用。另外，矿物质超标的温泉水不能饮用。过滤温泉水的工具有很多，纱布只是其中一种。

活动四：泡泡温泉

【活动目标】

1. 尝试使用各种材料制作温泉水，从而体验成功感。
2. 观察各种材料在水里发生的反应，激发对温泉水的好奇心。
3. 在泡温泉水的过程中感受制作温泉水带来的独特感觉。

【活动准备】

经验准备：已了解和收集了温泉水的做法与材料。

物质准备：温水、苏打粉、玫瑰花、牛奶、姜、茶叶、酒、醋、柠檬等材料；盆子、罐子若干。

【活动过程】

一、谈话导入，引起兴趣

师：温泉水有什么作用？

幼：温泉水有很多作用，我们幼儿园有温泉水吗？我们可以自己制作吗？

准备材料

二、启发幼儿构思温泉水的制作方法

1. 师幼搜集材料，自由分组讨论及制作温泉水。

师：你觉得可以用什么材料来做温泉水？我们来看看这里有些什么材料？和你同伴想想、说说怎样制作温泉水呢？

2. 自制温泉水，幼儿关注材料与水的比例，注意不浪费。

师：加了……的水有什么变化？请你说说有什么感觉？请你记下来(引导幼儿从视觉、嗅觉、触觉等方面进行感受与记录)。

制作温泉水

三、泡温泉水

师：请小朋友找喜欢的温泉水试泡，可以泡手、脚或全身泡，泡的时候注意卫生哦。泡好后，说说自己的感受。

四、小结

今天我们想了许多自制温泉水的办法，了解了制温泉水需要的材料，而且做了各种各样的温泉水，有玫瑰池、牛奶池、姜池、艾池、柠檬池等十多种。小朋友既能动手又能动脑，真是聪明能干！

活动五：周爷爷的故事

【活动目标】

1. 对周总理铜像、博物馆、画廊艺术品等感兴趣，知道尊敬伟人，加深爱国爱家的情感。
2. 了解宾馆的环境和伟人的事迹后，能连贯、自信、大胆地讲述。
3. 在公共场合能自觉遵守公共规则，不大声喧哗。

【活动准备】

经验准备：提前和爸爸妈妈一起了解周总理的故事。

物质准备：温泉宾馆的录像、画册，幼儿参观后自制的图书。

【活动过程】

一、回忆参观温泉宾馆

师：在什么时间？哪里？有谁？在干什么？（鼓励幼儿结合讲述“四要素”进行大胆、连贯的讲述）

二、观看录像，丰富记忆

师：请小朋友看录像，找找有哪些有趣的事迹？

1. 幼儿观看录像，教师提醒幼儿专心看。

2. 鼓励幼儿用流畅的语言讲述出录像中的内容。

三、选择画册、图书自由讲述

幼儿选择画册或图书进行讲述，尤其是与周总理有关的事迹。教师在幼儿讲的故事内容不够丰富，或者语言表达有困难时应介入指导。

四、分享故事

1. 请个别幼儿在集体面前讲述故事。

2. 小结：永远怀念周爷爷，要爱我们的祖国、家乡，做一个有志向的中国人。

活动六：我心中的温泉宾馆

【活动目标】

1. 通过用线描、水彩、手工等方式大胆绘画“我心中的温泉宾馆”，发展动手操作能力与想象创造力。

2. 能用自己喜欢的方式大胆进行艺术创作与表现。

3. 加深对温泉宾馆的认识，为自己的家乡感到自豪。

【活动准备】

经验准备：幼儿已参观过温泉宾馆，对各种线条有一定的认识。

物质准备：“温泉宾馆”的 PPT 课件，图画纸、油性笔、油画棒，各种大小不一的纸盒。

【活动过程】

一、回忆心中的温泉宾馆

师：小朋友们，你们都去过温泉宾馆吗？谁来说一说，你心中的温泉宾馆是怎样的？

二、欣赏温泉宾馆（播放 PPT 课件）

师：小朋友们真棒，观察得真仔细，还能大胆地说出自己心中的温泉宾馆。今天老师也带来了一些照片，请你们欣赏（加深幼儿对温泉宾馆的认识）。

1. 教师有意识地引导幼儿观看 PPT 课件。

2. 提问：你喜欢这些房子吗？这些房子有什么特别的地方？（引导幼儿从形状、线条、颜色等方面观察。）

三、幼儿自主创作（教师巡回观察）

师：我们也来用线描、水彩或手工等方式画出我们心中美丽的温泉宾馆，好吗？

幼儿自主选择自己喜欢的方式，分组进行作画：A 组，线描画；B 组，水粉画；C 组，手工作坊。

四、作品欣赏

1. 幼儿分别介绍自己的作品，并相互欣赏。

2. 张贴幼儿的作品，进行集体展示。

【家庭亲子活动】

共同制订计划表

活动目标	活动准备	活动内容	注意事项
1. 感受“天医处”充满负离子的空气和原始大自然的景色 2. 知道负离子能给身体带来的好处 3. 通过徒步活动，增强体质，体验挑战成功的喜悦之情	1. 相机、纸、笔等 2. 适合徒步的衣服、鞋子，适量的茶水和小点心	1. 在出发前家长与幼儿商量、讨论徒步路线，幼儿自己整理徒步需要用到的物品 2. 家长和幼儿到“天医处”感受充满负离子的空气和原始大自然的景色。一路上，幼儿可以把所见所闻用相机、纸、笔等方式记录下来，回去之后进行分享 3. 到达终点后，幼儿把带来的点心拿出来一起分享，享受美景的同时分享美食	1. 引导幼儿有序参观。途中尽量不要抱、不要背，鼓励幼儿自己走到终点 2. 在徒步过程中不乱摘花草、不随意乱扔垃圾，做到文明徒步 3. 活动过后，家长可与幼儿一起聊聊感受，鼓励幼儿用连贯的语言表达出来

【区域活动】

区域活动创设参考表

区域名称	内容	材料投放	操作建议	指导建议
语言区	快乐分享	亲子制作的小图书《趣游从化温泉宾馆》和《泡温泉》，从化温泉宣传册，关于从化温泉宾馆的来由、伟大历史人物事迹的图书等	认真翻看图片的内容，大胆与同伴分享交流，自信地分享自己的感受	引导幼儿细致观察画面，用完整的语言大胆与同伴分享交流，并适时介入指导
美工区	我们的餐厅	海绵、泡沫、彩纸、卡纸、水彩笔、油性笔等	选择不同的材料为餐厅制作点心、餐牌等	鼓励幼儿大胆想象，制作不同的点心以及餐牌
	制作泳衣、泳镜	纸盒、纸皮、包装袋（纸）、绳子	了解泳衣、泳镜的做法，会选择不同的材料制作	引导幼儿大胆想象，选择制作充满创意的泳衣和泳镜
	制作爱心牌“爱护小树苗”	卡纸、水彩笔、油性笔、绳子等	有创意地设计爱心牌，与同伴分工合作	引导幼儿了解爱心牌的作用，大胆想象并制作出有创意的爱心牌

（续表）

区域名称	内容	材料投放	操作建议	指导建议
角色区	陶然餐厅	自制的陶然餐厅的各种特色美食	幼儿能与同伴商量好角色，友好合作进行角色游戏	引导幼儿友好合作，正确使用文明用语，在游戏结束后懂得分类收拾材料
科学区	排列与点数	松果、树枝等若干	能利用松果、树枝等进行大小、高矮排列，会点数	帮助幼儿大胆运用自然材料（如松果、树枝），通过摆一摆、记一记等进行数学游戏
建构区	广东温泉宾馆的景点	各种建构材料：自制的小树、花草、温泉牌坊、亭台楼阁等	知道广东温泉宾馆的景物，尝试用各种材料搭建广东温泉宾馆的景点	引导幼儿用围合、排序、垒高等方法进行合作搭建

活动记录与支持

以下是教师在开展主题活动中，支持幼儿主动学习的其中一个故事记录。

叶子会呼吸吗？

来到天医处，子木说：“为什么这里的空气那么清新、舒服呢？”对这一问题，孩子们都非常好奇。泽睿妈妈说：“因为这里有很多植物，它们会呼出新鲜的空气。”“植物会呼吸？”“我可没见过植物的鼻子和嘴巴呀！”说完，孩子们马上围着植物瞪大眼睛，仔细地观察，依然什么都没发现。楚滢说：“要不我们拿放大镜来看看？”

使用放大镜

方法1：用水实验。

孩子们说完拿起放大镜，却依然没发现植物的嘴巴和鼻子。“那怎么办呢？”子木说。泽睿说：“放在水里，鱼在水里会吐泡泡，人在水里也会吐泡泡，如果植物有嘴巴，它也一样可以吐泡泡的。”这提议真好。孩子们马上拿了盆，加入水，把叶子放进去，用石头压住，然后拿着放大镜看。

可惜等待了很久依然什么都没发现，更没有预想中的泡泡出现。老师轻轻走到旁边说：“因为小植物呼吸是很慢的，它比小乌龟还要慢，要不我们把它带回幼儿园继续观察吧？”

回到幼儿园后，孩子们继续检查叶子上是不是有泡泡。发现是没有的，便说：“可能植物真的没有鼻子和嘴巴，它可能不需要呼吸。”琦琦说：“小植物喜欢太阳，要不放一些到太阳底下看看吧？”于是孩子们选择了几片叶子送到楼顶上。

下午，孩子们都迫不及待地去楼顶上看看，“耶，我这里有2个”，“我这里也有”。孩子们兴奋得一个个在大声报数，“原来植物真的会呼吸，它会在阳光下呼吸的”。孩子们又兴奋地马上跑去记录自己的发现。

第二天，孩子们一回来便马上观察叶子。"哇，有了，好多泡泡!"我也凑上去看，果然，真的有很多小泡沾到叶子上。"叶子在没有阳光的地方也是会呼吸的。我要把它记录下来。"孩子们分享道。

叶子在水里会产生泡泡

方法 2：用袋子实验。

邹蕊告诉小朋友："用袋子把植物的叶子套住，如果袋子里面有水珠或者起雾代表会呼吸，如果没有就是不会呼吸。"

她的提议引起了很多孩子的关注，他们找来了透明的袋子，把枝叶用袋子套住。第二天，孩子们一大早就跑到树下观察昨天的袋子，他们抓住枝叶，认真地看，发现原本透明的袋子表面感觉铺上了一层面粉，白白的，再靠近一点观察发现，"里面还有小水珠"。均均说："说明叶子是会呼吸的。"

【教师反思】

在主题活动的开展过程中，孩子们对探索"广东温泉宾馆"有着浓厚的兴趣，积极地和爸爸妈妈把探索温泉宾馆的图片制作成小图书、相册等投放在语言区，总是迫不及待地与同伴分享自己的发现及趣事。在"叶子会呼吸吗"的小实验中，由于实验历时长，但孩子们不放弃，坚持到底，历经多次观察，终于发现了叶子在水里会产生泡泡，从而知道植物是会呼吸的。听到孩子们的表达越来越自信、流畅，真的非常惊喜啊!

幼儿通过主题活动探究、亲身体验、积极发现，自主探索的能力更强了！以后可以在建构区里增添更多的可以制作温泉的材料，方便幼儿搭建温泉景点或温泉池。还可以收集苏打粉、玫瑰花、牛奶、姜、茶叶、酒、醋、柠檬等材料，让幼儿尝试制作温泉水，并用自己制作的温泉水泡脚。作为教师，我非常赞赏孩子们勇于探究的品质，也期待他们敢于挑战，获得更大进步!

中班：好玩的西塘童话小镇①

主题活动核心理念

《纲要》明确指出："幼儿园的教育应密切联系幼儿的实际生活进行，利用身边的事物和现象作为探索的对象。"在幼儿眼中，西塘童话小镇是一个有很多自然素材，可供幼儿玩耍和探索的地方，如稻田中的鸭子，养鸡场里的小鸡，水里的小蝌蚪、田螺以及花丛中穿梭的蜜蜂和蝴蝶。除了看，孩子们还可以亲身体验农耕劳作，把菜地里的蔬菜采摘到生活园里，做一顿农家大餐。与此同时，幼儿园中也保留着最具农村特色的地下水泵以及柴火灶，让孩子更真切地体验农耕生活，在劳作活动中获得快乐和发展。

① 由欧阳惠娟、黎少珍撰写。

来源与经验

“五一”长假，孩子们去了美丽的西塘玩，那里的景色和美丽的民宿吸引了他们。“什么叫民宿?”“是酒店？是住的地方吗?”“这间民宿的门口有像锅耳的墙。”……孩子们滔滔不绝地说着自己发现的诸多细节。由于孩子们对西塘童话小镇有着浓厚的兴趣，于是我们顺势开展了“好玩的西塘童话小镇”主题活动。

基于幼儿的兴趣及其发展需要，从幼儿的视角出发，教师们共同商讨并设计了“好玩的西塘童话小镇”主题实施路径。

主题实施路径图

目标建议

目标建议

健康	1. 认识常见的安全标志，能遵守安全规则，不乱采摘花草、果实，不爬树、戏弄牲畜、在马路上玩耍等 2. 养成坚强、勇敢、不怕困难的意志品质和主动、乐观、合作的态度
语言	1. 愿意用图画和符号表达自己想去西塘民宿的愿望和想法 2. 能基本完整、连贯地讲述自己在“西塘童话小镇”“小黄人民宿”的有趣经历 3. 乐意接触经典的寓言故事，感受语言的丰富，以及通过多种活动加深对作品的体验和理解
社会	1. 能按自己的想法进行民宿角色游戏、建构游戏等，并敢于尝试有一定难度的任务 2. 对大家都喜欢的东西能轮流分享，与同伴发生冲突时能在他人帮助下和平解决
科学	1. 对蔬菜、花等植物感兴趣，并能仔细观察，发现其明显特征 2. 初步了解小禾苗的生长过程，体会植物和人们生活的关系 3. 能感知小黄人民宿的形体结构特征，并画出或拼搭出其造型 4. 能积极参加小组讨论，有合作学习的意识和能力，并学习用多种方式表现、分享活动的过程和结果
艺术	1. 欣赏不同的稻草作品，了解其制作材料、工具及方法；初步尝试以“绕”“缠”等方法编织稻草绳 2. 细致观察民宿的建筑特色及周围的环境，学习画面布局方法并进行写生 3. 乐意用不同的艺术创作形式大胆地表达自己的情感、理解和想象，有自己独特的想法

问题情境预设

幼儿的问题

1. 西塘童话小镇在哪里？可以坐什么车去？
2. 什么是民宿？什么是酒店？什么是农村里的房子？民宿里有什么？有大型玩具吗？民宿有几张床？
3. 水泵为什么会有水出来？水从哪里来？水泵出来的水为什么这么凉？
4. 这个洞黑黑的(柴火灶)，要来做什么呢？拿什么来烧火呢？
5. 是鸭子还是鹅？有多少只？
6. 青头鸭在干什么？

教师的问题

1. 西塘童话小镇的民宿里面有什么？民宿用来做什么？
2. 鸭子在稻田里做些什么呢？为什么鸭子会吃稻田里的福寿螺？鸭子排出来的粪便对稻谷有什么作用吗？
3. 用什么方法最容易生火？生火时，要注意什么？
4. 自来水和井水相比，有什么不同？同样是水，为什么有的暖，有的凉？

活动的开展建议

活动一：西塘民宿大发现

【活动目标】

1. 对参观西塘民宿活动感兴趣。
2. 运用探究、询问等方法，了解西塘民宿的造型特点。
3. 用较完整的语言描述自己的发现和调查结果。

【活动准备】

经验准备：设计出行计划，有安全出行的自我保护意识。

物质准备：记录卡(参观前把想了解的问题记录下来)、笔、水壶、帽子等，每人一台照相机。

【活动过程】

一、实地参观

师：我们来到西塘童话小镇，心情怎样？你们看一看、问一问，看看西塘童话小镇有什么特别的东西？

民宿观察记录

二、幼儿自由参观，记录自己的发现

重点引导幼儿反复观察特别之处，并大胆访问当地人，碰到问题主动尝试解决。

三、集中分享“民宿大发现”

师：民宿里有什么人？民宿里的房子用什么造出来的？民宿里有多少间房子？多少张床？

师：稻田里有什么？禾苗是怎样的？鸭子又是怎样的？

师：你觉得西塘民宿有什么特点？

师：农民伯伯在做什么？

四、再次实地参观，深入探寻小镇的秘密

师：民宿用来做什么？禾苗会长出什么？有什么作用？

五、小结

师：“小黄人民宿”好看又好玩！墙面上有时尚的卡通图画，有井水以及柴火灶，还有美丽精致的园林景观，游人可以一起在茶艺吧、书吧、主题餐厅里体验悠闲自在的快乐生活。这就是我们从化新农村的风貌，让人流连忘返！

活动二：好玩的柴火灶

【活动目标】

1. 能积极参与柴火灶生火的活动，初步了解生火材料及工具。
2. 能与同伴分工合作，自主选择材料生火。
3. 了解基本的生活常识，对生活劳作感兴趣，能有计划有条理地做事情。

【活动准备】

物质准备：生火工具“石头、火柴、打火机”，生火材料“纸皮、报纸、竹块、木块、树枝、木板等”，以及自备的简单食材。

【活动过程】

一、观察柴火灶，引发兴趣

师：我们在民宿里发现了柴火灶，柴火灶和城市里用的煤气灶有什么不一样？（除了外在特征不同，重点引导幼儿指出其生火的方式不一样。）

观察柴火灶

二、讨论柴火灶生火的方法

师：想要用柴火灶生火，需要什么工具、材料呢？（生火工具——火柴、打火机；燃料——各种易燃物，如稻草、树叶、树枝、纸皮、木头……）

三、幼儿自主生火、煮食物

师：幼儿园里也有柴火灶，你们愿意尝试一下用柴火灶来煮食物吗？想煮什么？我们应该选择什么材料呢？首先做什么？再做什么？还要注意什么？

幼儿分工做事：有的去找生火材料（树叶、树枝、木块、纸皮……）；有的完成生火；有的去找鸡蛋、番薯；有的去洗锅、装水……

讨论：生火时需要注意什么？（重点引导幼儿注意点火时要保护好手、眼睛，要时刻留意火的大小，学会保护自己和他人。）

自主生火

四、集中讨论

日常生活中，什么材料属于易燃物？

当火过小或过大时，我们该如何恰当处理？

安全用火的注意事项有哪些？

如何知道鸡蛋熟了？要煮多长时间才熟？

【家庭亲子活动】

共同制订计划表

活动目标	活动准备	活动内容	注意事项
1. 尝试动手做一顿农庄饭，感受摘菜、洗菜、炒菜等过程，提高动手操作能力 2. 积极参与活动，体验劳动的快乐	1. 家长提前联系农庄饭店，准备好幼儿动手操作的材料 2. 幼儿已有柴火灶生火的经验	1. 在活动前，家长引导幼儿想一想：在农庄想做什么菜呢？需要什么食材呢？ 2. 家长与幼儿一起到达农庄，对农庄附近的设施有大概的了解。例如：知道在哪里可以摘菜、洗菜…… 3. 幼儿在农庄采集自己喜爱的食材、采摘新鲜的蔬菜等，然后进行清洗、处理 4. 幼儿用柴火灶生火，家长在锅热了后放油、放食材翻炒、放调料…… 5. 幼儿与家长一起品尝亲手做的农庄饭。注意多鼓励幼儿，努力做好每件事情	1. 生火时注意安全 2. 放手让幼儿动手操作，当幼儿需要帮助时再介入

活动三：好玩的小水泵

【活动目标】

1. 对水泵活动感兴趣，享受探索的乐趣。
2. 在小实验中初步感知水泵的吸水原理。
3. 感知水和人类生活的密切关系。

【活动准备】

经验准备：玩过民宿里的水泵，对水泵有一定的了解。

物质准备：塑料杯、塑料瓶 1 个，吸管 1 根，以及易融胶等。

【活动过程】

一、观察水泵，引起玩水泵的兴趣

1. 师：小朋友，幼儿园的小水泵你们玩过吗？和我们在民宿看到的一样吗？小水泵里的水从哪里来？为什么水可以通过这个泵从地下的泥土里泵出来呢？

2. 幼儿讨论、猜想。

二、做小实验，感知小水泵的吸水原理

1. 出示实验材料与工具，请幼儿感知。

2. 问题导入，引出小实验。

师：如何让杯子里的水通过小吸管流入瓶子里呢？我们做个实验吧。

3. 幼儿做实验，教师观察指导。

三、分享实验过程与结果

师：在什么情况下，水可以通过吸管从杯子流入瓶子？

小结：瓶子水位低于吸管拐弯处时，水不会从吸管里流出来；当水位高于吸管拐弯处时，水会从吸管里流出来。当杯子和瓶子里的水位等高时，水停止流动；当把水杯移走后，瓶子里的水位就会下降，直到水位和吸管出口等高时停止流动。

活动四：好玩的稻草编织

【活动目标】

1. 对稻草作品感兴趣，乐意欣赏稻草作品的造型美、色彩美。

2. 知道稻草创作变化多端，能够运用缠、绕、编等方法进行作品装饰、创作，体验稻草作品的艺术美感。

3. 在欣赏作品过程中，能主动、清晰表达对作品的感受、想法，发展语言表达能力。

【活动准备】

知识准备：已有缠、绕、编等经验。

物质准备：不同的稻草作品，以及稻草、瓶子、剪刀、白乳胶、作画底板等。

【活动过程】

一、欣赏稻草作品，感受其造型美、色彩美、形象美

师：你们看见了什么？美吗？哪里美？这些作品都是用什么做的？用什么方法做的？

二、讨论：稻草作品的制作方法有哪些？

1. 重点引导幼儿了解稻草可以编织，可以拼贴，可以缠绕……

2. 学习基本编织方法：编辫子。

三、分组选择不同的表现形式创作稻草作品

幼儿分为编制组、缠绕组、拼贴组进行创作，教师巡回观察，并重点指导需要帮助的孩子。

四、展示作品，欣赏评价

1. 幼儿自评，向同伴介绍自己的作品。

2. 集体评选：喜欢谁的作品，为什么？

稻草编织

【区域活动】

区域活动创设参考表

区域名称	内容	材料投放	操作建议	指导建议
美工区	我的导游路线图	水彩笔、油性笔、画纸等	画出西塘童话小镇导游路线图	在了解西塘童话小镇各个景点的基础上，画出西塘童话小镇导游路线图，并会与同伴分享交流
	稻草变变变	稻草、瓶子、剪刀、白乳胶、作画底板	幼儿自主选择材料、工具以及方法对稻草进行不同的创作	引导幼儿使用剪刀时注意安全；操作过程中注意保持桌面的整洁
角色区	米奇民宿	旧桌布、台灯、墙纸、闹钟、挂饰、太阳镜、小手袋、围巾、小围裙、厨师服装等	幼儿能与同伴商量好角色，如游客、保安人员、前台服务员、厨师等，并友好合作进行角色游戏	引导幼儿友好合作，正确使用“你好、欢迎光临”等文明用语
建构区	最美西塘童话小镇	大型炭烧积木、乐高积木、图纸、表征记录本	先设计图纸，再与同伴大胆选择各种材料合作搭建	引导幼儿在西塘古建筑、童话小镇的图纸上合作搭建西塘童话小镇
	西塘民宿	乐高积木、大小纸筒、瓶子、纸盒等辅助材料	利用积木，通过对称、垒高等搭建民宿	在了解民宿特点的基础上学会与同伴友好合作，利用积木通过对称、垒高等方法搭建民宿
语言区	快乐分享	图片、图书、宣传手册、地图	幼儿与同伴一起阅读、讲述	引导幼儿愿意与同伴一起交流西塘童话小镇的外形特征，并能用自己的语言进行大胆表述

活动的记录与支持

以下是教师在开展主题活动中，支持幼儿主动学习的其中一个故事记录。

稻田里的鸭子

有一天，悦悦说：“我的爸爸在上次参观的玻璃房附近，见到很多鸭子，周末想带我去看看，你们去吗？”听见她的提议，希希、芸芸、辰辰等纷纷说：“我和你一起去。”“我也要去看看。”他们一边商量，一边制订出行计划，商量准备出行用品，约定出发地点和时间。

在爸爸妈妈的陪伴下，孩子们来到了生态农场的玻璃房。希希挠挠脑袋说：“鸭子在哪里呢？”芸芸说：“高高的禾苗挡住了我们的视线，怎样才能找到鸭子呀？”突然，希希停住了寻找的脚步，说：“我们分头找鸭子，我和悦悦从这边找，芸芸和辰辰往那边找。”过了五分钟左右，大家都找不到鸭子，悦悦说：“不找了，我们玩别的游戏吧！”孩子们都想放弃找鸭子了，希希想了想说：“老师，这么大的稻田，鸭子会藏在哪里呢？”我没有回答孩子的问题，只是抬头看了看玻璃房的眺望台。希希仿佛知道了答案似的，走上眺望台，看到一群鸭子在远远的池塘边歇息。寻找鸭子时，希希第一个想到了分头找鸭子的办法，会分工合作，遇到困难放弃时，老师不经意的动作提醒了他，用站得高、看得远的方法来解决问题。

站得高，看得远

寻找鸭子

发现水里有螺

辰辰提出疑问："它们是鸭子还是鹅呢？"悦悦说："鸭子嘴巴扁扁的，头是绿色的。"希希说："鹅的头上有个包的，它们没有，是鸭子。"辰辰赶得鸭子嘎嘎叫，还吓得鸭子团团转着跑。希希在旁发现了新情况："看，这群鸭子总是一起跑过来，一起跑过去。"悦悦说："它们跑到稻田里了干什么？"芸芸说："它饿了去找禾苗吃呢！"辰辰说："它们怕热去游泳吧！"希希说："看，鸭子是在吃稻田里的螺、虫子。"在场的阿姨点点头，说："鸭子能把稻田里的杂草和害虫吃光光，还会拉大便给禾苗施肥，给稻田松土，这叫鸭稻共生。"希希听了，竖起了大拇指。走进西塘田缘农耕现场，孩子们专注地观察着、大胆思考着，着实让老师惊讶和感叹。

【教师反思】

活动中，我们给予幼儿一个自由、自主的学习空间，提供幼儿进行操作、实践与探索的机会。孩子们在实践中，了解到柴火灶生火的方法、禾苗是怎样生长的、青头鸭是怎样的……让他们自己去策划、制作，去体验了各种各样的经历，学会了解决问题。例如，本案例中的希希，他们在寻找鸭子时遇到了困难，最终通过教师的不经意引导和自己的努力解决了。在平时，可以请孩子们说说自己遇到的问题和解决方法，或者请其他幼儿给他们提一些解决问题的建议，这样有助于幼儿以后懂得借鉴同伴的经验，更容易获得成功。

中班：热热闹闹过端午①

主题活动核心理念

《纲要》指出："幼儿园应充分利用社会资源，引导幼儿实际感受祖国文化的丰富与优秀，感受家乡的变化和发展，激发幼儿爱家乡、爱祖国的情感。"我们关注幼儿的兴趣，力求做到使幼儿在生活、游戏中学习与发展。随着端午节的到来，孩子们发现了周围环境的变化，如粽子店粽子数量和品种的增加，龙舟赛事的出现。这些激发了他们了解和探究端午习俗的兴趣，也因此引发了一系列的探究问题。在善于发现和保护孩子好奇心的基础上，我们充分利用社会和实际生活的事件，通过观察、操作、表现、表达等方法，使幼儿在直接感知、亲身体验和实际操作中积累了丰富的节日认知，感受了端午节的文化内涵及风俗习惯。让我们一起了解端午节、喜欢端午节、传承端午节、过好端午节吧。

来源与经验

端午节是我国的传统节日，也叫"女儿节"，是一家人欢乐团聚的日子，表达着对生命的敬畏与关爱。端午节有吃粽子、划龙舟、悬挂艾草、佩香囊等传统习俗。民间还流传着许多与端午节有关的传说、故事、儿歌等，如屈原的传说、划龙舟的传说。端午节前，有一些小朋友家里就开始准备包粽子的材料，电视、报纸等媒体开始宣扬赛龙舟、游龙舟水、吃粽子等活动。在幼儿园，孩子们也会议论，诸如粽子、龙舟及节日前后人们所进行的一些庆祝活动，特别是曾进元小朋友，由于家里开了一间粽子店，经常跟伙伴们说起家里粽子的品种，孩子们听了都垂涎三尺，特别感兴趣。端午节前后，亲朋邻里之间也有互赠粽子等习俗。为此，开展了一系列感恩活动，帮助幼儿构建感恩、互助、友爱、和谐的人际关系，让幼儿更好地了解端午节的传统文化内涵。

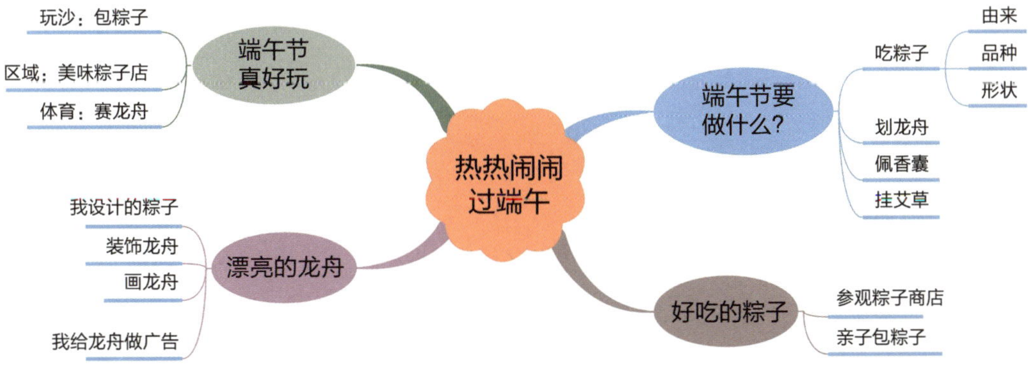

主题实施路径图

① 由刘秀霞、吴秀玲撰写。

基于幼儿的兴趣及其发展需要，从幼儿的视角出发，教师们共同商讨并设计了“热热闹闹过端午”主题实施路径。

目标建议

目标建议

健康	1. 体验多人合作游戏的快乐，在模仿划龙舟动作中发展手脚行进的协调性，有初步的竞争意识 2. 了解赛龙舟是端午节的一项传统习俗，感受团结协作的重要性 3. 有良好的饮食习惯，知道糯米粽子不好消化，不能多吃
语言	1. 乐意在集体面前大胆、清晰表达对端午节来源、典故、传说的理解与认识，初步体会典故所传达的爱国情怀 2. 能结合节日氛围，较完整地表达自己的所见、所闻、所感，丰富语言经验 3. 喜欢看关于端午节的故事图书、画册，能理解故事所表达的意境和情感，并积极大胆表达自己的理解与想法
社会	1. 了解端午节的庆祝活动和民间习俗活动，感受端午节丰富的文化内涵 2. 主动了解与端午节有关的问题，知道端午节有吃粽子、赛龙舟、佩香囊等传统习俗 3. 知道碰到困难要学会勇敢、坚强、积极面对，懂得珍惜生命，有初步的爱国意识 4. 乐意与同伴协商、分工合作，体验合作与成功的快乐
科学	1. 尝试包长粽子和三角粽子的方法，了解粽子外形特征的多样性和可变性 2. 了解粽子品种与馅料的丰富性，体验咸、甜、碱水味等不同口感的粽子 3. 了解龙舟的基本构造及造型特点，丰富关于赛龙舟的知识经验
艺术	1. 尝试运用挖、切、割等不同方式制作“龙舟”，运用画、撕、剪、贴等多种方式装饰“龙舟”，感受龙舟的造型美、图案美 2. 体验用报纸、扭扭棒和海绵纸制作粽子的方法，发展其手眼的协调性 3. 尝试用图画、符号和废旧材料设计喜欢的粽子形状和包装袋，感知其设计的多样性、创造性 4. 愿意和同伴合作游戏，感受龙舟竞赛既热烈又紧张的氛围；能按乐曲的结构变化玩赛龙舟的游戏

问题情境预设

幼儿的问题

1. 端午节为什么要吃粽子？除了吃粽子还有哪些活动？
2. 这个老爷爷为什么要跳到江里去？
3. 包粽子需要什么材料？用什么叶子包？拿什么绳子捆绑粽子？
4. 为什么要在端午节赛龙舟？龙舟要怎么划才能划得快？
5. 香囊是用什么材料做的？有什么用处？

教师的问题

1. 端午节习俗各地不同，如何结合幼儿生活经验、兴趣选取适宜的习俗内容？
2. 如何在回应孩子的问题中，去甄别幼儿问题的价值？
3. 如何创造直观形象的主题场景、设计主题游戏，让幼儿更深层地了解节日文化内涵？

活动开展建议

活动一：端午的习俗

【活动目标】

1. 能大胆、清晰地表述自己的见解和想法，耐心倾听别人的发言并适时回应。
2. 在故事分享中加深对端午节庆祝活动和民间习俗活动的认识，感知一家团聚的节日内涵。
3. 能围绕话题进行讨论，并随着提问的推进逐步深入地表达个人见解。

【活动准备】

经验准备：有简单了解端午节习俗的知识经验。

物质准备：幼儿与家长共同完成的“端午节习俗调查表”，PPT 课件“过端午”，绘本《端午节》。

【活动过程】

一、结合幼儿生活经验，引发兴趣

师：哪一天是端午节？（农历五月初五）你们知道端午节都有什么习俗吗？（吃粽子、吃艾叶糍粑、看龙舟比赛、洗龙舟水……）

二、幼儿自由结伴分享所知道的习俗

师：请你和好朋友说说，端午节都有哪些习俗？哪些庆祝活动？这些习俗是怎样的？

三、集中分享

重点引导幼儿了解祖国地大物博，不同地方、不同民族有不同习俗，重点分享从化地区的习俗。

师：请你们说说在家里是怎么过端午节的？会做些什么事情？

四、聚焦能力，提升经验

重点帮助幼儿在讨论习俗中感受节日内涵：一家团聚、邻里亲朋关系融洽。

师：过端午节的时候，有哪些开心的事情？

小结：端午节时，我们会一家人聚在一起吃粽子、吃艾叶糍粑，还会一起看外出看龙舟比赛、去游玩、洗龙舟水等。只要一家人团团圆圆、平平安安，心情都是愉悦的。

活动二：端午节的故事

【活动目标】

1. 对端午节吃粽子的由来感兴趣，乐于了解端午节传说“屈原的故事”。
2. 在集体中积极交流自己对故事的理解与感受，萌发对爱国诗人屈原的崇敬之情。

3. 碰到困难知道要勇敢、坚强、积极地面对，懂得珍惜生命，有初步的爱国意识。

【活动准备】

经验准备：知道端午节吃粽子的习俗。

物质准备：课件、故事书《屈原的故事》。

【活动过程】

一、猜谜语，激发兴趣

师：今天老师带来了一个谜语，请你们猜一猜——绿衣裹身上，珍珠里面藏，要想得珍珠，解带扒衣裳。（粽子）

二、看课件倾听《屈原的故事》，了解端午节的来历

师：人们为什么要过端午节？为什么要纪念屈原？人们是用哪些方法来纪念屈原？

小结：原来过端午节是为了纪念屈原老爷爷。屈原是一个大好人，他为老百姓做了很多好事，人们为了不让大鱼吃掉他的尸体，就把粽子扔到水里把大鱼喂得饱饱的，大鱼就不会去吃屈原的尸体了。

听《屈原的故事》

三、尝试表现故事角色、内容

1. 幼儿自主结伴分角色表现屈原跳江、群众用各种办法救屈原的情景。

师：我们来玩角色游戏，把屈原爷爷跳江的情景和人们拿粽子喂大鱼的情景表演出来。

2. 绘画活动：我要救屈原老爷爷。

师：除了表演游戏，我们还可以画画，想一些救屈原老爷爷的办法，画在画纸上。

活动三：包粽子真好玩

【活动目标】

1. 不怕困难，积极参与包粽子，体验合作劳动的乐趣以及和谐友爱的互助关系。

2. 了解包粽子所需要的材料，学习包长粽子的具体方法，会放米、扎线，能包好粽子。

3. 养成认真收拾、细心整理的习惯。

【活动准备】

经验准备：有用条状物体捆绑、包扎的经验。

材料准备：糯米、粽叶、草绳、花生、红豆、冬菇、猪肉、竹筒子。

【活动过程】

一、导语引入，激发幼儿包粽子的兴趣

师：明天就是端午节了，我们也来包粽子迎接端午节的到来吧。

二、观察包粽子的材料，了解、讨论粽子的制作过程

1. 介绍材料。

师：包粽子有哪些材料？（粽叶、糯米、猪肉、花生、冬菇……）

2. 讨论包粽子的方法。

师:好好想想如何选好的粽叶、怎样包,材料才不会漏出来?

小结:把两片粽叶摊平重叠在一起,放两勺糯米在上面,加上一片猪肉,再加上两勺糯米盖住猪肉,用粽叶把糯米包严实,合作绑上绳子。提醒孩子注意不要被粽叶划伤手。

三、幼儿自由合作包粽子,教师观察指导

1. 重点引导幼儿解决学会合作、绕绳子、打结等问题。

师:如果你包粽子的时候遇上困难了怎样解决?绳子缠绕不稳怎么办?绳子要怎么打结才更结实?

2. 孩子们互相合作包粽子。

师:合作包粽子的时候请先商量好分工,再合作。

师:包粽子时不要装太多的米,不够再加,注意不要被粽叶划伤手哦。

四、互相评价,比一比谁包的粽子最结实、最好看

师:粽子包好了,大家看一看、说一说,哪个粽子包得既结实又好看?

五、煮粽子

1. 讨论:如何把握煮的时间?

师:煮粽子有哪些方法?(电、煤气、柴火)需要多长时间才能把粽子煮熟呢?

2. 讨论:如何保存煮熟的粽子?

师:如果粽子太多吃不完怎么办?怎样保存粽子才不会变质?

3. 讨论:最佳食用时间。

师:粽子最多能放几天?什么时候吃味道最好?

自由合作包粽子

活动四:粽子分享会

【活动目标】

1. 知道吃粽子是端午节的习俗,体验与同伴分享的快乐。

2. 在观察、品尝中发现粽子的形状、口味是多种多样的,能用语言大胆清晰地表述。

3. 在分享品尝中了解健康饮食知识,有进行垃圾分类及认真收拾整理的良好习惯。

【活动准备】

经验准备:品尝过粽子。

物质准备:幼儿每人带一只家里包的粽子,在幼儿园做的粽子若干。

【活动过程】

一、创设情景，引发幼儿讨论

师：粽子真多呀，大家一起来分享交流，说一说哪些是自己做的？哪些是带来的？有什么不同？

二、了解粽子的种类及吃法

1. 讨论：你吃过的粽子是怎样的？有什么味道？

小结：粽子有三角形，也有四角形的。有的粽子吃起来是咸的，里面有猪肉、花生、红豆、绿豆、冬菇……称为咸肉粽子，广东人尤为喜欢；有的粽子里有蜜枣、红豆、果脯……称为甜粽子，北京人比较爱吃；还有的粽子一般剥开是金黄色的，有一股浓浓的碱水味，要蘸上白糖、牛奶、蜂蜜、红糖水等配料吃，称为碱水粽子，广东人也是比较爱吃的。

2. 了解碱水粽子的食用方法。

师：吃碱水粽子时，我们应该怎么做呢？

小结：把长条形的粽子叶剥去，用水草（绳子）把粽子截断，使粽子变成一个个小块，然后淋上煮沸变凉了的红糖水、白糖、牛奶、蜂蜜等配料蘸着吃。

三、幼儿自由品尝不同味道的粽子

品尝粽子

师：吃粽子的时候，剥开的粽子叶放在哪里？看看粽子里面都有什么馅料？味道怎么样？

四、幼儿分享喜爱吃的粽子及原因

师：你们品尝了什么粽子？（咸的、甜的、碱水）你喜欢哪一款粽子？为什么呢？（引导幼儿从外形、馅料、味道等方面连贯地表达自己的见解。）

五、讨论剩余粽子的处理办法

师：粽子吃不完，怎么办？我们有什么好办法？（邀请其他班小朋友品尝，与厨房阿姨、门卫叔叔等幼儿园的工作人员分享，用保鲜袋装好放进冰箱保存……）

六、健康饮食及垃圾分类

师：粽子吃多了身体会有什么反应？一次应该吃多少个粽子比较适宜？如果感到胃不舒服，或者肚子胀胀的怎么办？吃完后的粽子叶要怎么正确处理呢？它们属于什么垃圾？

【家庭亲子活动】

共同制订计划表

活动目标	活动准备	活动内容	注意事项
1. 在向社区老人赠送粽子中萌发敬老爱老的情感 2. 主动大胆与社区老人、工作人员交流，有尊敬、关爱之心	1. 家长提前与敬老院取得联系 2. 亲子做好粽子、艾叶糍粑等食物	1. 家长与幼儿提前把亲手包的粽子、艾叶糍粑等食物准备好 2. 到了敬老院主动向工作人员、爷爷奶奶要主动问好 3. 幼儿自信地给爷爷奶奶表演节目，营造开心的节日气氛 4. 幼儿向爷爷奶奶分享自制食物，体验尊老友爱的氛围	1. 注意安全，不能单独随意跑动 2. 保持良好的情绪，不随意哭闹发脾气

活动五：粽子包装顶呱呱

【活动目标】

1. 体验设计粽子包装礼盒的乐趣。

2. 能用自己喜欢的材料设计平面或立体的包装礼盒，提高色彩、线条的运用与审美能力。

3. 能围绕作品大胆流畅地表达自己的创作想法，有良好的收拾、整理习惯。

【活动准备】

经验准备：有设计包装的知识经验。

物质准备：粽子包装礼盒图片、蜡笔、画纸、油性笔、水粉、橡皮泥、轻黏土、纸箱等。

【活动过程】

一、观察、欣赏粽子包装盒、包装袋

师：你觉得这些粽子包装盒、包装袋怎么样？喜欢哪一个？为什么？（引导幼儿从外形、图案、花纹、色彩等方面进行观察欣赏。）

二、讨论粽子礼品盒的设计要素及注意事项

师：礼品盒都有什么特别的图案？这些图案有什么寓意？我们在设计时要注意什么？怎么样才能设计出特别而又精美的礼品盒呢？

三、幼儿自主选择材料设计包装礼盒

1. 鼓励幼儿运用多种材料，特别是废旧材料，进行创作。

2. 创作时注意颜色、图案以及线条的搭配。

3. 创作过程中注意保持作品以及桌面干净整洁。

四、作品欣赏

师：请介绍自己的作品，说一说用了什么图案、颜色、线条以及材料来设计、装饰的？感觉怎样？

师：现在开始互评，说说喜欢谁的作品？为什么喜欢？

活动六：龙舟竞赛

【活动目标】

1. 体验多人组成“龙舟”进行游戏的快乐，感受团结、协作的重要性。

2. 利用不同的材料，探索各种不同的划龙舟玩法。

3. 在游戏中发展走、跑、跳、爬等动作，促进身体动作的协调性、灵敏性。

【活动准备】

经验准备：观看过赛龙舟的场面。

物质准备：棍子、带轮子的轮胎、鼓、音乐。

【活动过程】

一、准备运动

引导幼儿绕一个大圆走、跑，提示幼儿根据口令及前面幼儿的情况，及时调整自己的步幅或步频。

二、自由探索“划龙舟”的各种玩法

师：我们今天玩赛龙舟的游戏，找找周围有什么材料可以使用？要用什么办法才能使“龙舟”动起来？（鼓励幼儿用不同的材料体验“赛龙舟”。）

三、进行“龙舟竞赛”

师：现在我们以小组合作来玩“龙舟竞赛”的游戏，想想用什么办法才能让你们小组的龙舟划得又稳又快？

游戏小结：小组成员要齐心协力，力往一处使，步调、方向、方法一致，才能划得又快又稳。

四、放松运动

幼儿相互合作进行放松运动，重点进行腿部、手部的放松活动。

尝试划龙舟

龙舟竞赛

活动七：美丽的龙舟

【活动目标】

1. 乐意和同伴共同协商，分工装饰龙舟，体验合作成功的快乐。

2. 能运用自己喜欢的材料、花纹、图案有规律地装饰龙舟，提升艺术表现力。

3. 尝试运用刻、切、画、撕、剪、贴等多种方式与同伴合作装饰“龙舟”，感知其图形美、线条美。

【活动准备】

经验准备：观看过龙舟比赛。

物质准备：赛龙舟图片，“龙舟”半成品，彩纸、笔、果壳、纽扣、瓶盖、毛线、木头、竹片、剪刀、胶水等制作材料，青瓜、冬瓜、节瓜、南瓜，以及刻刀、剪刀、牙签。

【活动过程】

一、观看端午节龙舟赛，激发装饰龙舟的兴趣

师：你看到的龙舟是什么样的？龙舟船头和船尾是怎么样的？船身有什么？

二、观察龙舟图片，感知龙舟的造型美、线条美，讨论装饰龙舟的方法，激发合作装饰的欲望

1. 欣赏龙舟模型。

师：这些龙舟美吗？什么地方美？（引导幼儿仔细观察龙舟的头部、身体、尾部等不同部位的外形特征、花纹、图案、色彩等。）

2. 介绍材料。

师：我们准备了碎布、彩纸片、竹片、果壳、纽扣、瓶盖、毛线、木头等材料，想一想，这些材料可以怎么用？可以变成什么图形、图案？怎样才能把龙舟打扮得美美的？

3. 讨论用瓜果刻龙舟的制作方法与要求。

（1）将瓜纵向切开，并把瓜囊掏空洗干净。

（2）选择相应工具给“船身”刻画一些自己喜欢的花纹、图案、线条。

（3）选择喜欢的辅助材料装饰龙舟的头部、尾部。

三、分工合作装饰龙舟

师：请小朋友选择喜欢的材料、工具进行绘画，或装饰龙舟。可以单独完成，也可以和好朋友一起合作完成。

四、开展龙舟展览会，相互欣赏评价

师：小朋友们装饰的龙舟真漂亮，谁想来介绍自己的作品？可以说说你的龙舟有什么特别的地方。

漂亮的龙舟

【区域活动】

区域活动创设参考表

区域名称	内容	材料投放	操作建议	指导建议
语言区	端午节的由来和习俗	绘本《过端午》	幼儿自主阅读绘本，并积极流畅地表述故事的主要情节与内容	鼓励幼儿大胆、清晰表述对端午节来源的典故、传说的认识与理解，耐心认真倾听别人的讲述
美工区	装饰龙舟	蜡笔、画纸、油性笔、水粉、橡皮泥、轻黏土、纸箱等	幼儿自主选择不同的材料、工具绘画、制作自己喜欢的粽子或礼品盒	引导幼儿先观察龙舟的基本构造和外形，了解龙舟的一些外部特征，鼓励幼儿大胆想象，运用不同的方式方法进行创造性表现
	龙舟展览会	赛龙舟图片、龙舟半成品、彩纸、笔、果壳、纽扣、瓶盖、毛线、木头、竹片、剪刀、胶水等	幼儿自由选择材料独立或与同伴合作完成龙舟的装饰	鼓励幼儿运用多种材料特别是废旧材料，进行创作，作品完成后自主呈现在主题墙上，共同装扮龙舟展览会
	我会包粽子	包粽子所需要的材料等	幼儿自主或合作学习包长粽子和三角粽子的方法	重点指导幼儿学习与同伴协商、分工合作，懂得打结的方法

（续表）

区域名称	内容	材料投放	操作建议	指导建议
角色区	美味粽子店	各式各样的粽子、碗、筷子等	大胆推介粽子的品种、特色、味道，吸引“顾客”购买，体验宣传效应	鼓励幼儿在游戏中积极运用生动的语言流畅地表达，丰富词汇量，提升自信心

活动的记录与支持

以下是教师在开展主题活动中，支持幼儿主动学习的其中一个故事记录。

我也会包粽子

“刘老师，这是我昨天跟外婆一起包的粽子，包粽子可好玩了，有好多好吃的，红豆、咸蛋黄、猪肉、蘑菇，我们想送一些粽子给小朋友们品尝。”说完，她就从书包里拿出了一袋粽子。听说有粽子吃，孩子们都围了上来，敏如说：“每当端午节快到了，奶奶就会包很多好吃的粽子给我吃，我也会包粽子。”“我也会。”“我没有试过，不知道会不会呢。”……孩子们七嘴八舌，都在说包粽子的事情。于是，我们决定星期四开展学习包粽子的活动，并邀请了黄溟洋、李芯妍、谭宇轩三位小朋友的外婆与孩子们一起包粽子。孩子们的情绪特别高，都迫不及待地想要试一试了。

一开始，芯妍的外婆进行了包粽子示范，接着孩子们就立马动起手来了。诗瑶一边数着一、二，一边拿起两片粽叶放在左手手心上，舀了两勺混有红豆、花生的糯米放在上面摊开。当她要拿猪肉放在上面的时候，左手失去平衡，把糯米弄到了桌子上。她看了看旁边的同伴，看见大家都是把粽叶放在桌子上的，于是，也把粽叶放在桌子上。当她正准备往碗里再次舀糯米时，芷欣说：“你这样很浪费粮食，我们一起把桌面上洒掉的糯米捡起来吧。”“芷欣说得对，洒落的糯米收集起来又可以包一个粽子了，浪费粮食不应当。”我竖起了大拇指对芷欣说。于是她们继续捡起桌子上的糯米放在粽叶上，当需要的材料都放好了，诗瑶说：“左边盖右边盖，上面盖下面盖。”很快就用粽叶把里面的材料包裹好了。诗瑶又说：“芷欣，我两只手拿着粽子，绳子绑不了，你帮帮我。”于是两个好朋友一起合作，很快就把一个粽子包好了。“老师，我包的是雪人粽子，您觉得它像雪人吗？”她们特意把粽子拿给我看。我说：“这是一个很有创意的粽子，小手真能干。”

包粽子

这时候，朱妍走过来拉着我的手说：“刘老师，我很快就能把粽子包好了，快过来看看。”只见她熟练地把三片粽子叶整齐地摆在一起，接着放上材料。“咦，其他小伙伴都是拿两片粽叶，你为什么拿三片叶子呢？”我问道。“我觉得两片粽叶包的粽子太小了，我想包一个大大的送给老师吃，老师是大人，小粽子不够吃。”朱妍一边说一边很快就把粽子包好了，粽子方方正正的很整齐。她把粽子压在桌子上，想要自己绑上绳子，可是绕了几圈，还是绑得不够严实。这时，她主动请了旁边的梓涛小朋友帮忙。梓涛熟练地把绳子绑好了，朱妍拿着粽子对梓涛说：

“如果怪兽来了，我就像孙悟空那样把它变到里面去，让它出不来。”接着，朱妍又提出了一个奇怪的问题：“老师，糯米鸡也是用糯米做的吗？”我笑着把问题抛回：“你觉得呢？想想为什么叫糯米鸡，不叫其他鸡呢？”朱妍想了想说：“因为是用糯米做的，所以叫糯米鸡。”“为什么粽子要用糯米做，不用普通大米来做呢？”她又提出新的疑惑。“因为糯米能把花生、猪肉牢牢粘在一起。”聪明的宥希很快就想到了。“脑袋真会想东西，你们吃粽子的时候，觉得糯米黏手还是米饭黏手呢？”“当然是糯米黏手了。”朱妍马上明白了，于是在说说笑笑、问问答答的氛围中，继续他们的包粽子活动。

【教师反思】

孩子们在品尝粽子时萌发了想要尝试包粽子的想法，于是开展了包粽子的活动。活动中，孩子们认真积极，拿粽叶、放米、扎水草，忙个不停。虽然他们包得并不太好，并经历了数次失败，但兴趣依然很浓，每个孩子都认真地学，耐心地做。孩子们活动时如此专注、执着，让我看到了他们珍贵的学习品质。

大班：北回归线的秘密①

主题活动核心理念

北回归线标志塔，是标志地理学上北回归线经过地方的建筑物。北回归线是地球上北温带与热带的分界线，也就是北纬 23°26′的纬线圈。我国现在已建有 11 个北回归线标志塔，其中从化的北回归线标志塔，目前是世界上南北回归线上最高、最大的。

孩子们虽然长在从化，但对从化区的北回归线标志塔的认识还是比较欠缺的。《纲要》中指出：“应充分利用自然环境和社区的教育资源，扩展幼儿生活和学习的空间。”因此，我们选择探秘从化北回归线公园这一资源，从幼儿的生活和经验出发，让孩子们用不同的感受去探索从化北回归线的秘密，了解其整体的塔高、基本部分、地板排列图形、塔顶铜球、四周四个羽翼等结构及其作用，丰富幼儿对天文地理的认知，培养其好奇、好学、好问的科学精神，促进其良好学习品质的形成。

来源与经验

星期一的餐后活动，骆紫欣高兴地跟几个好朋友分享着周末的事情。刘彦君说：“北回归线是线吗？”轩轩说：“北回归线塔是不是跟文峰塔一样的？”邹畅说：“北回归线塔高吗？有几层？”小朋友一系列的疑问并没有打断骆紫欣的分享，她继续说：“我妈妈告诉我，北回归线塔顶有一个小孔的，太阳照下来的时候没有影子的？”轩轩在旁听着，突然转向身子问我：“老师，太阳照北回归线塔是真的没有影子吗？”邹畅跟着也说：“老师，你见过吗？”北回归线塔的各种问题引起了孩子们浓厚的兴趣，“北回归线塔的秘密”主题活动自此产生了。

① 由谢素琼、赖小燕撰写。

基于幼儿的兴趣及发展需要，从幼儿的视角出发，教师们共同商讨并设计了“北回归线的秘密”主题实施路径。

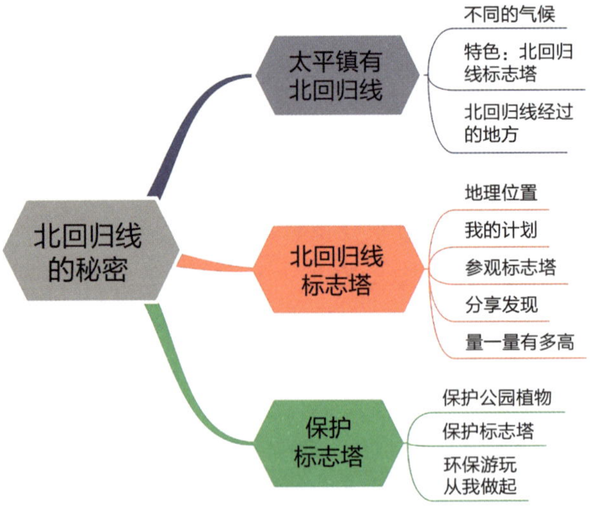

主题实施路径图

目标建议

目标建议

健康	外出游览时，能遵守公园内的相关规则要求，遵守公共秩序，做到不乱扔垃圾、随地吐痰、乱涂乱画，不跟陌生人走，有较好的自我保护意识和安全卫生意识
语言	能较连贯、清晰地表达对北回归线标志塔的认识和发现，以及所见、所闻、所想
社会	1. 敢于向导游、同伴、教师大胆交流自己的想法与发现，能够坚持自己的想法，也能尊重他人的意见 2. 乐意尝试挑战有难度的任务，遇到问题会主动向他人请教，有较强的自信心 3. 知道在公共场合文明交往、互相谦让，有良好的文明旅游、文明交往习惯
科学	1. 对北回归线标志塔感兴趣，能大胆运用多种手段探索标志塔的秘密（如光与影，照射、声音及塔的结构），有良好的科学探索态度和精神 2. 对一个事物、现象或问题进行持续、深入的探究，感受事物的某种特性或事物间的相互关系及科学现象 3. 积极发现、探索、了解北回归线标志塔的外形特征、特色及相关的科普知识，有良好探究方式、方法 4. 有初步的问题意识，善于发现、提出问题，并想办法解决问题 5. 会用符号、图案、数字等表征方式记录对北回归线标志塔的认识和发现，乐于表达 6. 主动运用不同的建构材料尝试搭建北回归线标志塔，发展空间思维能力
艺术	大胆运用不同的表现形式绘画北回归线标志塔，提高绘画表现能力

问题情境预设

幼儿的问题

1. 什么是北回归线？北回归线在哪里？
2. 北回归线经过什么地方？
3. 从化北回归线标志塔在哪里？
4. 从化北回归线标志塔有多高？
5. 北回归线最特别的一天是哪一天？
6. 夏至这天，北回归线塔的影子会怎样？
7. 夏至这天，我们的影子在幼儿园又是怎样的？

教师的问题

1. 如何保障孩子出行的交通安全和人身安全？
2. 如何让孩子更直接明了地了解光与影？
3. 如何让幼儿在操作中体验直射的科学现象？

活动开展建议

活动一：从化太平镇上有个北回归线标志塔

【活动目标】

1. 知道北回归线是一条虚拟的纬线，是太阳能够直射最北边的位置，也叫夏至线。

2. 知道从化太平北回归线标志塔是目前世界上最高、最大的标志塔，能围绕“塔”的话题进行积极发言、交流。

3. 尝试在地球仪上找出北回归线经过的国家和城市，并做好记录。

【活动准备】

经验准备：活动前和家长一起探索地球仪上的秘密，了解地球上的赤道和北回归线。

物质准备：地球仪、地球平面图。

【活动过程】

一、在讨论中引出主题：北回归线标志塔

师：你们去过从化太平北回归线标志塔吗？什么是北回归线？（重点帮助幼儿了解“北回归线”的概念。）

二、出示地球仪，探索地球仪上的北回归线

师：在地球仪上，你发现有什么呢？能找到太平镇的北回归线吗？

带着问题，幼儿分组探索地球仪上的北回归线。

找北回归线

三、出示地球平面图，寻找赤道和北回归线

1. 游戏：找腰带。引导幼儿找出赤道，了解赤道及赤道的纬度。

2. 观察地球仪，找找北回归线。了解北回归线经过的国家或地区、城市有哪些，并尝试做记录。

四、集中讨论与分享

师：北回归线经过哪个国家或地区？经过我国的哪些城市？

学习统计：有几个国家或地区？有几个城市？

问题讨论：是否所经过的每个城市都有标志塔？从化的标志塔有什么不同？

五、小结

从化太平的北回归线标志塔是目前世界上最高、最大的回归线标志塔。

【家庭亲子活动】

共同制订计划表

活动目标	活动准备	活动内容	注意事项
1. 观察、认识北回归线标志塔的塔底、塔身、塔顶等建筑特色 2. 理解北回归线标志塔所蕴含的特殊意义以及夏至存在的特殊现象 3. 愿意用图画、数字、图表和其他符号记录、表征自己的所见所闻	1. 照相机、录像机、图画本、水彩笔等 2. 穿着轻便的衣服、鞋子，水壶	1. 活动前，亲子共商出行计划以及相关物资准备等 2. 过程中，亲子积极互动，交流所见所闻、所想等问题，深入认识、了解北回归线标志塔的塔底、塔身、塔顶等建筑特色及有关科学现象等 3. 幼儿根据自己的所见、所闻、所想，进行自主表征、记录	1. 注意外出参观的交通安全和活动安全 2. 注意亲子间的互动话语要紧密围绕活动的计划 3. 关注孩子的问题，做好耐心的指引和帮助

活动二：北回归线标志塔的发现

【活动目标】

1. 乐意与同伴分享从化北回归线标志塔的观后感以及相关发现。

2. 能用较流畅、清晰的语言大胆表述对从化北回归线标志塔的了解与认识。

3. 耐心倾听同伴说话，适时与人互动，有良好的倾听和文明交流习惯。

【活动准备】

经验准备：提前实地参观从化北回归线标志塔，并做好观察记录。

物质准备：已完成的参观调查表，实地参观的照片，与从化北回归线公园相关的图片，PPT 课件。

【活动过程】

一、幼儿自主分享参观时的发现

1. 幼儿围绕自己的参观记录单、照片集，自主向同伴分享、交流自己的见闻。

2. 教师重点引导幼儿用清晰连贯的语言表达自己的见闻，特别是对北回归线标志塔的外形、特征、构造等建筑特色和科学现象的表述。

观察记录表

二、集中分享对北回归线标志塔的整体认识与了解

1. 播放 PPT 课件。

师：我们的北回归线标志塔怎么样？有什么特别之处？

2. 重点引导幼儿清晰表述北回归线标志塔的外形特征，塔身、塔顶、塔底等建筑结构以及有关科学现象。

小结：从化北回归线标志塔的塔基建筑是天坛式样，地板石的排列为八卦图形，由三个台阶组成，第一、第二台阶为方形栏杆，第三台阶是半圆球形，每台阶为 9 级，均用花岗岩砌成。塔身像一枚升火待发的宇宙火箭，塔顶有一象征太阳的铜球，标志塔四周有显示东南、东北、西南、西北方向的 4 个羽翼，塔身正面刻上贴金的“北回归线标志塔”七个大字。

自主设计标志塔

三、讨论北回归线标志塔的设计

师：你觉得北回归线标志塔的设计怎么样？你喜欢吗？喜欢它什么呢？

四、幼儿自主绘画，教师观察指导

重点引导幼儿选择不同的工具、材料进行艺术表现，如线条画、水彩画、水墨画等，注重从整体的建筑外形上进行构图、绘画。

活动三：从化北回归线标志塔有多高

【活动目标】

1. 对从化北回归线标志塔感兴趣，乐意探索发现从化北回归线标志塔的建筑特色，萌发对家乡的自豪感。

2. 尝试运用不同的测量方法测量标志塔的高度，拓展思路，在操作中获得丰富的测量经验。

3. 感知不同物体的测量工具不同，并尝试记录，懂得遇到问题会思考。

【活动准备】

经验准备：有对物体进行长短测量的粗浅经验。

物质准备：收集关于从化北回归线标志塔的图片，油性笔、蜡笔、水彩笔，圆形、方形、柱形的纸盒，以及纸球、卡纸等材料。

【活动过程】

一、分享讨论：从化北回归线标志塔有多高？

师：小朋友，从化北回归线标志塔是世界上最高、最大的标志塔，你们知道有多高吗？(23.5 米)

讨论：23.5 米高，是有多高？

二、唤起测量经验，激发测量兴趣

测量“23.5 米”

师：有什么尺子？(长尺、短尺、硬尺、软尺)这些尺子有23.5 米的刻度吗？如果没有怎么测量？

重点引导幼儿认识量尺的刻度、测量的方法、数的等量变换、记录的注意事项等。

三、自主选择测量工具，小组合作测量

重点引导幼儿注意“头尾”呼应的测量方法，以及累计合并的计算方式。例如：10 个 1 米、10 个 1 米、3 个 1 米、1 个 0.5 米，合起来是 23 米。

四、现场观看、分享所测量的高度(长度)

1. 重点引导幼儿乐于形象地去感知“23.5 米”的高度(或长度)。

2. 鼓励幼儿继续尝试测量幼儿园的大型玩具或其他感兴趣的事物，如操场、大门等。

【家庭亲子活动】

共同制订计划表

活动目标	活动准备	活动内容	注意事项
1. 体验亲子协同制作北回归线标志塔的技巧、方法和乐趣 2. 在创作过程中能相互表达自己的想法和意愿，过程中碰到不懂的问题和困难会及时积极解决	纸盒、纸、笔、剪刀等	1. 活动前，共同商讨、收集相关的创作素材和工具 2. 分工合作，先完成标志塔的外部轮廓，再进行细节的描绘、装饰 3. 展示作品，孩子与家长共同评价，并指出改进意见 4. 幼儿结合意见继续完善作品	1. 提醒幼儿注意安全 2. 碰到问题或困难，及时、适时激励、指导、帮助幼儿积极主动解决 3. 尊重孩子的想法与意见，更多地体现孩子在创作过程中的主导地位

活动四：北回归线最特别的一天

【活动目标】

1. 对北回归线夏至日“立竿无影”的现象感兴趣。
2. 知道夏至太阳直射北回归线，北回归线会出现“立竿无影”的现象。
3. 知道影子的变化与光和物体的位置有关，在探索中获得关于影子变化的知识经验。

【活动准备】

经验准备：幼儿与家长一起查看有关北回归线夏至日当天现象的视频。

物质准备：地球绕着太阳转的图片，有关无影日的图片、PPT，实验用的电筒和瓶子。

【活动过程】

一、谈话导入，激发兴趣

师：我们都知道地球是绕着太阳转的，谁知道什么时候太阳会直照在北回归线上呢？当太阳直射在北回归线上时，会出现一种什么现象呢？

播放有关"无影日"的视频、PPT，边观看边讨论"立竿见影"现象。

二、进行"光和影子"的实验，记录不同角度照射时影子的变化

1. 幼儿用电筒光从不同角度照射瓶子，寻找瓶子影子的变化。重点引导幼儿寻找什么时候会没影子，探索出当电筒的光垂直照射瓶子时影子的变化。

2. 分享实验观察记录表。

3. 小结：太阳照射地球的现象跟我们做的这个实验有点相似，照射的角度不同，影子的变化也不一样。当光线垂直照时，我们会发现影子没有了。在夏至，太阳会直照在北回归线上，当太阳光垂直照射标志塔上的小圆点时，就会出现"立竿无影"的现象。

三、影子游戏

幼儿自己选择同伴，在太阳底下玩"影子"游戏，边玩边记录影子的变化。

影子游戏的造型

【区域活动】

区域活动创设参考表

区域名称	内容	材料投放	操作建议	指导建议
语言区	图片分享	北回归线标志塔的有关图片	认真观察图片内容，积极与同伴讲述分享	引导幼儿细致观察图片细节，能较完整、流畅地表达对北回归线的认识
美工区	宣传海报或宣传单	水彩笔、油性笔、蜡笔、卡纸	制作保护从化北回归线塔公园的有关海报、宣传单	引导幼儿理解宣传海报、宣传单的意义，组织幼儿向他人派发、宣传
	设计游览线路图	水彩笔、油性笔、蜡笔、画纸	自主合作设计北回归线公园半日游的线路图	在了解公园景点的基础上，设计一日游线路图，并大胆与同伴分享交流自己的设计意图
科学区	初步了解北回归线以及中国、世界地理版图	地球仪、地球平面图	寻找赤道，南、北回归线以及北回归线所经过的城市	认真观看地球仪，掌握寻找的方法，帮助幼儿认识一些主要国家或城市的名称
	光和影的游戏	电筒、台灯、玩具等	探索光和影子的小实验	引导幼儿不断尝试不同方向、高度的光与所产生影子的关系
建构区	北回归线标志塔	积木	大胆选择不同的材料搭建北回归线标志塔	引导幼儿用叠高、镂空等方法创意搭建北回归线标志塔

活动记录与支持

以下是教师在开展主题活动中，支持幼儿主动学习的其中一个故事记录。

搭建北回归线塔

建构游戏又开始了，孩子们拿起篮子，装好所需的材料，开始建塔。只见方瀛自己用积木一层一层地搭建塔台，很快她就把北回归线塔建起来了，高兴地说：“老师，我的塔弄好了。”“嗯，你的塔台很稳，色彩搭配也明亮，真棒！可是，怎么看不见塔里面有什么呢？”方瀛看了看，若有所思地说：“可以的，我再搭一搭。”

搭建标志塔

北回归线标志塔

健健找了材料也加入搭建北回归线塔行列中，只见他用四个柱形的积木当“塔脚”，接着用两块板拼在一起锁好。当最后一层发现没有柱形的积木后，他看了看我，说：“老师，只有三根柱子，不够，怎么办？”我假装一副思考的样子说：“是呀，怎么办呢？”方瀛稍作思考后，突然高兴地说：“我知道了，可以用其他积木代替。”我满脸惊讶地说：“你真聪明，能想到用其他积木代替。”方瀛得到肯定后迫不及待地和健健一起找呀找，时间过去了，还是没有找到相同颜色的替代积木。后来，他们俩找了两个红色的正方形积木叠合在一起与柱形积木比对了一下，发现不够高，又找了一个叠上去，咦，好像一样高了。于是，他小心翼翼地搭上去。由于塔的高度高，要把几个塔的底板搭上去难度比较大。瞧，刚搭上去的底板“啪哒”一声又掉了下来。几次尝试后都不成功。健健灵机一动说：“方瀛，我们不要着急，我们先将一片底板搭稳了，再搭另一片，好吗？”“好！来，你扶着底板，我来搭！”方瀛点点头说。说完，健健立刻用手将底板扶稳，方瀛把柱子和塔轻轻地连接起来，一次、两次，终于连接好了，他们激动地大声喊：“我的塔建好啦！我的塔建好啦！”我用赞赏的目光投向他们，并为他们竖起了大拇指，还给了他们一个大大的拥抱。方瀛更是开心不已，开心地把自己的作品轻轻地放在展览台上，并不时地向同伴介绍。

【教师反思】

建构游戏区，是一个可以充分发挥想象并能付诸行动的平台，很受孩子们欢迎。在这一次的建构活动中，健健和方瀛一起合作搭建塔，他们一个选积木，一个负责搭建，过程中一边搭建一边调整。从孩子的行为中可以看出，大班孩子在游戏过程中分工合作的水平已经非常高，也能较理性地思考问题和解决问题了。

当发现柱形的积木不够时，会主动寻求帮助，在得到老师鼓励后，主动尝试想办法解决，不放弃。同伴间有商有量，专心拼搭，经过多次观察、对比、尝试，终于绞尽脑汁地想到了找其他积木来代替的好办法，说明孩子以物代物的能力和创造力都很强。游戏中，老师作为游戏的观察者、指导者，善于提出问题推动游戏向纵深发展，有效指引、启发幼儿主动去思考、去挑战、去改变，提高幼儿学习的能动性、创造性。

大班：喜气洋洋过大年①

主题活动核心理念

中国的传统节日是中华民族悠久历史文化的重要组成部分，其中蕴含着我国人民勤劳勇敢、善良真诚、爱国奉献等优良品德。幼儿园开展传统节日文化教育是传承中华文化的有效途径，也是实施《指南》的重要环节。

春节是我国最盛大的传统节日，节日氛围浓厚，习俗活动非常丰富。在幼儿园开展充满欢乐又有意义的迎新春活动，有助于幼儿深刻感受过年热闹、喜庆的氛围，萌发对过年相关习俗的探究兴趣，丰富孩子对过年的认知经验，积累丰富的情感，体验浓浓的中国年味。节日教育所特有的情景性、感染性、实践性、娱乐性能使幼儿在自然、宽松、愉快的氛围中体验、传承中国年的节日文化内涵。

来源与经验

春节是中国的传统节日，承载着人们对美好生活的期望。一天，我们在讨论日期的时候，孩子们发现要将近放寒假过春节了，于是哼起了歌：新年到，真热闹！穿新衣，戴新帽……。接着，孩子们不由自主地热烈谈论起过年的开心事："过年我又可以穿新衣服了。"

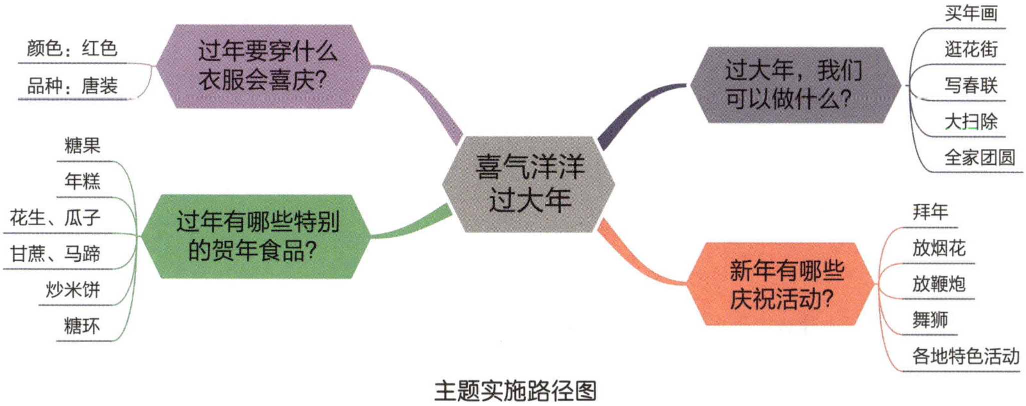

主题实施路径图

① 由黄敏珍撰写。

"过年的时候，街上会有很多很多的彩灯！""我在新世纪广场还看到过舞狮子、扭秧歌、舞鲤鱼呢！""还有很多红红的灯笼，红红的春联，噼里啪啦的红鞭炮……"接着又问了许多关于过年的问题："为什么过年的时候很多东西都是红色的？""过年为什么爷爷奶奶、爸爸妈妈要给红包？"……从孩子们的话语中发现，孩子对过年已不陌生，并积累了比较丰富生活经验，对过年的充满好奇心，正是孩子们的这种向往与期待，"喜气洋洋过大年"主题活动开始啦！

基于幼儿的兴趣及发展需要，从幼儿的视角出发，教师们共同商讨并设计了"喜气洋洋过大年"主题实施路径。

目标建议

目标建议

健康	1. 了解过年饮食的习俗，初步尝试制作传统的过年食品，体验浓浓的年味 2. 知道过年有团团圆圆吃年夜饭的习俗，懂得基本的进餐礼仪，有良好的进餐习惯
语言	1. 乐意在老师和同伴面前表达对过年的想法，能较连贯、清晰地讲述在过年中的趣事、乐事、难忘事 2. 了解常用的过年祝福语，能自信、流畅地向他人表达新春的祝福，体验人与人之间互相关爱的美好情感 3. 积极主动提出对过年庆祝活动的设想和建议，有美好的过年愿望和乐观向上的期盼
社会	1. 了解过年购买、准备年货的相关传统习俗，在体验中积累过年的生活经验，萌发对传统节日的向往与热爱，丰富生活小知识 2. 在丰富的活动中认识、了解过年的内涵，充分感受阖家团圆、普天同庆的隆重节日氛围 3. 丰富有关年的知识，积极参加过年的习俗活动，懂得基本的交往礼仪，提高人际交往能力
科学	1. 在游戏活动操作中，遇到问题学会自主或寻求同伴合作解决，有初步解决问题的能力和意识 2. 能采用多种方式认识和了解过年的习俗文化，并以各种表征方式记录过程与结果
艺术	1. 创造性地运用剪、粘、涂色、拼接等方法制作过年贺卡，感受过年祝福的寓意 2. 初步感受中国传统服饰的图案美、色彩美及设计美，大胆尝试把中国年的有关元素融入到服饰的设计活动中，发展其美术创造力、表现力 3. 喜欢充满年味的歌曲，大胆运用感官及肢体动作感受音乐中欢乐、喜庆、祥和的情绪，创造性地演绎过年喜气洋洋的场景

问题情境预设

幼儿的问题

1. 年是什么？过年为什么要舞狮、舞龙灯？
2. 过年了，为什么要放假？为什么人人都想要回家呢？
3. 为什么要拜年呀？为什么见面时要说好听的贺年祝福？

（续表）

4. 为什么过年的很多物品都是红色的？过年的时候大人们为什么要给小孩子“利市”？
5. 过年为什么会逛花街？
6. 为什么过了年就长大一岁？

教师的问题
1. 过年有什么风俗习惯？如何把南方和北方、城市与农村的不同习俗进行有效融合？
2. 如何通过过年的趣事、乐事、时事引发孩子关心家人、亲人、朋友，关注国家的发展与进步？
3. 创设什么样的环境更能激发孩子对过年的向往与期盼？更能调动孩子们积极投入到过年的活动中？
4. 讨论：在过年的时候，你们会有什么活动安排呢？你喜欢过年吗？为什么？

活动开展建议

活动一：年的由来

【活动目标】

1. 乐意参与活动，能大胆地表达自己的想法与理解。

2. 充分运用各种感官通道感受过年吉祥、喜庆的气氛，初步理解年的意义——亲友团聚。

3. 欣赏故事，了解年的来历，知道过年有着悠久的历史和丰富的节日习俗。

【活动准备】

经验准备：知道过年是我国传统节日之一，对过年的文化习俗有一定的了解。

物质准备：“年的来历”课件，收集有关过年的各种庆祝活动图片和喜洋洋迎新春（贴春联和年画的热闹景象）的视频，音乐《喜洋洋》。

【活动过程】

一、营造过年的音乐氛围，感受过年的喜庆

1. 播放音乐《喜洋洋》，营造欢乐的过年氛围。

2. 幼儿在音乐声中自由参观“过年图片展”，了解各地过年的习俗文化。

师：图片里的人在做什么？你看完有什么感受或问题？

3. 讨论过年的时候本地有什么庆祝活动。

小结：过年真热闹，大红灯笼高高挂，鲜花到处飘香，彩色气球飞扬，人人欢声笑语，脸上绽放笑容，走访亲友互拜年，到处都呈现出一片喜气洋洋的节日氛围。

4. 讨论：年是什么？为什么要过年？（幼儿自由发表意见及想法）

二、看课件，了解年的来历

1. 引导孩子观看图片和录像，讲述过大年的辞旧迎新方式与来历。

2. 讨论鲜花、窗花、花炮、“福”的寓意。

3. 讨论对联的来历、寓意，重点了解对联的基本要点（上联、下联、横批）。

三、根据生活经验回忆、讲述过年的热闹气氛

1. 自主讨论，并以绘画、表征的方式把过年的喜事、趣事活动记录下来。

师：在以往过年当中，你记忆最深或最喜欢的活动有哪些？（引导可以用绘画或表征的方式把回忆表达出来，可以幼儿记录、教师指导。）

2. 幼儿自由组合，把绘画作品或表征记录制作成小图书进行自由分享。

【家庭亲子活动】

共同制订计划表

活动目标	活动准备	活动内容	注意事项
1. 激发幼儿对过年的期盼，感受春节所带给家人的热闹喜庆氛围 2. 对过年有自己的大胆设想，尝试通过做计划增强幼儿做事的计划性、目的性、有序性，有初步的规划意识 3. 在做计划中回忆过年常见的风俗习惯，加深对过年传统习俗文化的了解与认识	1. 做计划前亲子对过年有比较深入的了解和谈话 2. 提前准备好需要用到的纸张、色笔等材料	1. 亲子讨论过年想要购置有关物品的计划、家庭环境装扮计划、探亲出游计划、活动游戏开展计划等方面的具体想法 2. 鼓励幼儿把讨论的计划以表征的方式记录下来 3. 引导幼儿清晰表达春节期间的有关计划，过程中家长适时提醒幼儿是否有补充或补漏	1. 充分调动幼儿对以往过年经历的回忆 2. 与幼儿讨论计划时，对幼儿的设想要科学指引 3. 当孩子遇到困难或问题时，鼓励幼儿尝试自主解决，适时给予必要的帮助

活动二：好好装扮我们的“家”

【活动目标】

1. 积极参与班级迎新春的环境策划与布置，体验迎新接福的愿景。

2. 懂得运用鲜花、灯笼、春联、窗花等喜庆的物品进行环境装扮，有良好的沟通、协调、合作能力。

3. 能结合色彩、图案、图形等艺术元素进行环境设计，提升规划能力、审美能力。

【活动准备】

经验准备：对春节的环境特色有一定的认识和了解。

材料准备：糨糊、小木棍、剪刀、民间艺术品、剪纸、对联、袋子等。

【活动过程】

一、讨论过年的文化习俗，为过年做好“家”（课室）的准备

1. 观看过年的节庆活动录像，引起回忆，体会过年的喜悦，产生对过年的向往。

2. 欣赏窗花、对联、门神、楹联等过年装扮物品，了解其寓意。

二、引入主题，装扮我们自己的“家”

1. 提问：快要过年啦，我们该怎么做准备呢？

小结：大家的想法真多，准备过年了，先从我们班的“家”（课室）开始装扮吧！

2. 讨论：我们的"家"该添置什么？新添置的物品怎么摆放？有什么好的想法？

三、分组活动

设计组：鼓励幼儿小组合作，把想法以表征的方式呈现出来与大家分享交流。

手工组：自制鲜花、鞭炮、窗花等。

书画组：装裱对联、楹联等。

四、分组装扮，欣赏作品

1. 重点引导幼儿合理规划、摆放好相应的作品，既要体现浓郁的喜庆过年气氛，也要美观、整洁。

2. 讨论评价：我们的装扮效果怎么样？位置摆放是否合理？是否还有更好的建议和意见？

窗花

鞭炮

活动三：过年的传统食物

【活动目标】

1. 认识和了解南方过年时准备的传统食品，感受传统节日的饮食文化。

2. 了解春节传统食品如炒米饼、糖环的制作工序，尝试合作制作，提高动手协调能力。

3. 在制作过程珍惜粮食、不浪费，有良好的卫生清洁习惯和环保习惯。

【活动准备】

经验准备：品尝过传统食品炒米饼、糖环。

物质准备：收集过年传统食物；自制炒米饼、糖环、油角的有关工具、配料以及视频。

【活动过程】

一、创设过年传统食品展，感知传统饮食文化的美味与美妙

师：快过年咯，看看食品柜上都有哪些好吃的美食？（鼓励幼儿一边品尝一边认识，并主动积极分享对美食的认识与感受。）

二、集中讨论对春节传统食品的认识与了解

1. 帮助幼儿认识食品的名称、外形特征、味道。

师：你们刚才都吃了什么？它们的外形有什么特点？味道怎么样？

2. 帮助幼儿了解过年食品（炒米饼、糖环、油角）的传统做法。

师：你知道这些食品是怎么做的吗？请你看阿姨是怎么制作炒米饼和糖环的？需要哪些材料？

三、自由分组合作，尝试自制传统食品

炒米饼：重点指导幼儿填满粉团、压平成型、敲出。

糖环：重点指导幼儿搓出圆长条、捏花造型、成型放好。

油角：重点指导幼儿放适量的馅料、围合、捏齿状。

四、欣赏"作品"，分享制作与准备过年食物的感受

师：你们觉得自己制作的食物怎么样？有什么感受吗？

小结：制作过年食品需要花很多时间准备很多材料，制作过程中需要手指协调灵活才能做得好，做多了小手很容易累，所以我们更要尊重劳动成果，珍惜食物，不浪费粮食。

制作炒米饼

制作油角

活动四：我设计的过年新衣

【活动目标】

1. 喜欢了解中国传统服装，初步感受汉、唐、清朝服装的图案美、色彩美、设计美。

2. 尝试运用点、线、图形、图案、色彩等多种表现形式大胆设计、制作，促进其审美力、表现力、创造力的发展，感受设计与制作的成功与快乐。

3. 过程中注重材料的创造性运用，有良好的收拾习惯和卫生清洁习惯。

【活动准备】

经验准备：对中国传统服装有简单的了解和认识。

物质准备：各种废旧材料，如报纸、挂历纸、包装袋、塑料袋；剪刀、胶水、双面胶、订书机；创设"服装展"。

【活动过程】

一、观看服装展，欣赏各种特色衣服

1. 引出问题，激起幼儿对过年穿新衣的回忆。

师：过年了，我们会穿上新衣服迎新春，你穿过什么新衣服？

2. 观看"服装展"，欣赏汉、唐、清朝服装的艺术美。

师：你觉得这些服装怎么样？喜欢吗？喜欢什么地方？（立领、交领、对襟、用绳带系结，

图案以龙、凤、花、鸟为主，颜色鲜艳等。）

二、自由组合，合作讨论设计新衣

师：过年了，你们准备给自己设计一件什么样的衣服呢？（引导幼儿从衣服的风格、色彩、图案等方面进行讨论协商。）

三、自选材料，合作创作

1. 熟悉制作衣服的材料和工具，鼓励幼儿大胆利用身边的材料制作一些特别的新衣服。

2. 分组活动。

手工组：重点指导幼儿运用丰富多样的素材，进行不同图形、图案的设计、创作。

绘画组：重点指导幼儿大胆运用鲜艳的色彩、丰富的图案、图形、线条进行表现。

四、互赏新衣，自由表达、分享、评价

师：新衣服都做好了，我们一边欣赏一边分享吧！你喜欢哪一件衣服？为什么？

活动五：欢天喜地去拜年

【活动目标】

1. 知道拜年是过年的习俗，在游戏中感受拜年所蕴含的美好寓意。

2. 知道常用的新年用语，能清晰大胆地向他人表达新年祝福，体验各地拜年的不同习俗。

3. 懂得拜年的基本交往礼仪和礼节。

【活动准备】

经验准备：有拜年的经验，知道拜年的常见习俗。

物质准备：《鞭炮声》《喜洋洋》《拜年》等音乐，头饰、自制鞭炮、贺卡、红包、福字等表演材料。

【活动过程】

一、感受春节的喜庆氛围，激发参与活动的兴趣

师：啪啪啪，过年啦！小朋友们，听到音乐，你有什么感觉？歌曲里唱了什么？（幼儿根据自己的经验表达自己的想法。）

师：观看有代表性的地方拜年习俗，了解拜年的寓意。

小结：各地有不同的习俗，如广东省的年夜逛花市、“桔言花语”祝新春、舞狮拜年等；河南省熬年守岁、出门拜年、见人作揖等；安徽省舞龙船、敲锣鼓送祝福到家等；北京摆九曲黄河灯阵、走九曲迷宫，或者舞旱船、扭秧歌、踩高跷等。

二、自由讨论不同地方的拜年习俗，深入了解当地的新春文化

1. 重点讨论当地（广东省）的拜年习俗。

师：拜年时我们要做什么事情呢？准备什么样的贺年礼品？见了亲朋好友要说些什么话呢？要怎样祝福好朋友呢？

2. 游戏讨论：我们要去谁的家拜年？拜年要准备什么？

三、角色游戏：拜年啦

引导幼儿自由合作分成若干小组，自主协商准备好礼物去“拜年”。重点帮助幼儿理解，

要根据拜年对象及其年龄特点、工作性质特点的不同恰当表达新春祝福。

A组：向弟弟妹妹（对应班级的中班、小班）拜年。

B组：向后勤组（厨师、保健员、安保员等）人员拜年。

C组：向行政组人员（园长、保教主任等）拜年。

【家庭亲子活动】

共同制订计划表

活动目标	活动准备	活动内容	注意事项
1. 礼貌待客，懂得使用新年用语，主动向客人问好 2. 懂得基本的家庭招待礼仪，大胆尝试为客人做力所能及的服务 3. 感受亲人、朋友间在一起关怀备至的亲密关系，体验过年彼此团聚的热闹氛围	准备好招待客人的过年传统食品，如糖果、水果、油角、糖环、蛋散、炒米饼等	1. 客人来访，家长与幼儿一起大方、自然地迎接问好，指引客人坐好，冲茶、摆上食物招待客人 2. 当小朋友来做客时，能主动和小朋友亲近，热情地接待，一起分享好玩的玩具、好吃的食物、好看的图书，友好相处 3. 自信大方地与亲人、朋友们交流，有问必答，有较好的文明用语习惯和交往习惯	家长做好榜样、示范，对于幼儿的不足及存在问题要及时引导、纠正

活动六：舞狮

【活动目标】

1. 喜欢舞狮游戏，体会团队间相互协商、共克困难的力量，体验成功的快乐。

2. 感受音乐的AB结构及其欢快、热闹的音乐特性，能配合音乐生动表现狮子的神态与动作。

3. 乐意创编狮子舞的各种趣味动作大胆表演，体验节日喜庆祥和的气氛，丰富表演经验。

【活动准备】

经验准备：观看过舞狮表演，对舞狮项目有一定的了解。

物质准备：关于舞狮的视频，音乐《舞狮》，鼓及狮头头饰。

【活动过程】

一、音乐导入，激发兴趣

师：过年了，我们一起舞狮共贺新春吧！（幼儿随音乐《舞狮》，一边感受一边模仿舞狮动作入室。）

二、深入欣赏音乐，感受乐曲的结构及曲风特点

师：你觉得《舞狮》音乐是怎样的？有什么感觉？（欢快、热闹、喜庆）

师：音乐有几部分？我们一边听一边用动作表现出来吧。（AB结构）

三、欣赏舞狮表演，感知舞狮时的神态与动作

1. 师：舞狮是怎么表演的？你觉得怎么样？动作是怎样的？有什么表情？

2. 引导幼儿大胆学习、模仿、创造性表现舞狮神态与动作。

3. 请个别动作到位或有创造性表现的幼儿表演示范。

4. 幼儿听着音乐自主表演。

5. 欣赏第二部分，创编新动作。

师：你觉得这部分音乐，狮子会想出什么动作玩年会游戏呢？

6. 请个别有新意、动作与舞狮相符合的幼儿出来表演。

7. 幼儿听音乐模仿学习。

舞狮表演

四、听音乐完整表演游戏

1. 幼儿听音乐完整表演舞狮游戏，教师引导幼儿学习模仿狮子威风凛凛的神态以及动作的夸张与变化，动作要符合音乐的曲风、节拍。

2. 幼儿分角色进行小组合作表演，重点引导幼儿与同伴做好沟通协商，步调一致、创造性地表演狮子活泼生动、喜庆有礼的动作神态。

五、随音乐出教室，游戏结束

活动七：过年趣事

【活动目标】

1. 乐意向大家分享过年趣事，感受同伴间交流的愉悦。

2. 尝试以一件趣事为中心进行主题绘画，懂得合理安排反映事件主要内容的画面，提升构图能力。

3. 能结合画面较流畅地表达事件的主要情节，有良好的倾听和表达习惯。

【活动准备】

经验准备：幼儿有分享过年乐事、趣事的经验和经历。

物质准备：绘画工具与材料，如水粉、蜡笔、卡纸等；音乐《喜洋洋》等；过年的各种活动照片或视频。

【活动过程】

一、播放音乐《喜洋洋》，营造过年气氛，回忆过年趣事

师：过年开心吗？去了什么地方？有哪些开心的事？我们大家一起来分享吧！

二、自主分享过年趣事

1. 幼儿自主结伴围绕照片分享过年见闻，教师重点引导幼儿连贯、清晰、简要表述事件的主要内容。

师：带上自己的照片，和好朋友分享你的过年趣事吧！

2. 集中分享过年趣事。

师：谁的过年趣事最特别、最精彩？谁愿意分享？（如拜年、旅游……）

三、自主绘画:过年趣事

师:你们一定还有很多其他的过年趣事,我们把开心的、特别的事情画下来吧,让更多的人分享我们的快乐。(重点引导幼儿想好一件趣事或特别的事,学会合理构图,突出事件的主要内容,如人物、地点、事件。)

A 组,水粉画;B 组,线描画;C 组,蜡笔画。

四、制作小图书

师:请把画好的趣事按照时间先后顺序进行排序,装订成小图书投放在语言区与大家一起分享吧。

【区域活动】

区域活动创设参考表

区域名称	内容	材料投放	操作建议	指导建议
语言区	通过阅读图书以及收集的图片,认识和了解过年的传统文化与习俗	有关过年的图书、图片	幼儿自主选择相关材料自由阅读、分享、交流	引导幼儿连贯、清楚地表达在过年期间的所见所闻,主动与材料互动、与同伴对话,对过年的话题有积极的表达意愿
美工区	红红的年	各种彩色纸、利市封、糨糊、小木棍、剪刀等	幼儿自主选择材料制作各种过年饰品,如鲜花、花炮、窗花、灯笼、新衣等	引导幼儿在自制过年饰品时注意材料的恰当选择,注意色彩的搭配,注意饰品的创新与美感,充分体验作品的成功感与快乐感
角色区	年货一条街	各种鲜花、传统食品、年货等	自主创设具有年味的游戏区开展新春主题游戏	引导幼儿对货物进行归类整理,注重营造浓郁的新春气息以吸引大家关注,有良好的文明用语习惯
音乐区	贺新春	各类喜庆服饰、舞狮狮头、锣鼓、鲤鱼灯、过年的音乐等	自主选择过年音乐、服饰、道具进行舞狮、舞鲤鱼灯等表演	引导幼儿选择合适的服饰、道具表演,注意动作与音乐要合拍,动作、动态、神情要生动、丰富

大班:从化古村之旅①

主题活动核心理念

古村作为历史文化遗产,受到了政府保护,吸引了人们的关注,成为人们休闲之旅的景

① 由钟爱玲、吴丽芸撰写。

点之一。对于大班的孩子来说，古村的建筑特色，如墙上的图案、屋顶的锅耳墙、窗等，令他们既陌生又好奇，萌生了探究的欲望。在善于发现和保护孩子好奇心的基础上，希望通过观察、表达、表现、操作等方法探索古村、感受古村的历史文化和人文文化，激发他们热爱家乡的情感，产生保护文化遗产的责任感。

来源与经验

位于广州市从化区太平镇钱岗村的广裕祠是全国重点文物保护单位，作为历史文化遗产，成为了人们假期休闲之旅的一个景点。国庆假期回来，思诚迫不及待地对老师说："我们昨天去了太平钱岗广裕祠，看见墙上有一幅很长的画，你知道叫什么吗？"朗朗马上接着说："是清明上河图，我爸爸说的。"彤彤紧接着说："我去过钱岗古村，那里有许多青砖瓦房，路是用鹅卵石铺成的。"硕枫兴奋地说："我也去过，那里有一个古牌坊叫灵秀坊。"孩子们七嘴八舌地说着。从化古村，特别是太平镇钱岗村的广裕祠，是我区历史悠久的文化遗产之一，具有很高的历史研究价值，而孩子们对从化古村又感兴趣，因此这是生成课程的好机会。于是，开展了一系列的主题探索活动，帮助幼儿更好地了解从化著名的古村落文化，感受从化古村丰富的历史文化内涵，萌发对建筑古迹的保护之情。

基于幼儿的兴趣点及其发展需要，从幼儿的视角出发，教师们共同商讨并设计了"从化古村之旅"主题实施路径。

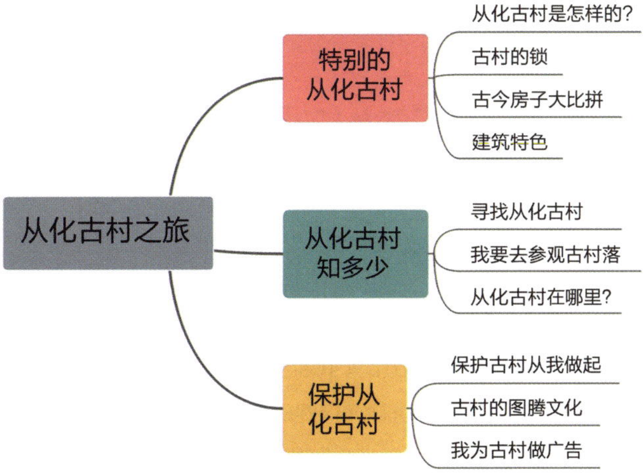

主题实施路径图

目标建议

目标建议

健康	1. 知道必要的安全参观常识，懂得文明参观 2. 参观过程中有良好的卫生习惯，能自觉维护古村环境的清洁
语言	1. 乐意在集体面前大胆、流畅地表述对古村的认识，感知古村的历史文化 2. 喜欢看有关古村的画册、图片等，大胆说出自己的见解，丰富语言经验 3. 能以广告的方式宣传从化古村，理解广告词的意思，提高分析概括的能力和简练、生动的语言表达能力

（续表）

社会	1. 了解从化著名的古村落，感受从化古村丰富的历史文化内涵，萌发对古遗迹的保护之情 2. 乐意与同伴分享交流、分工合作，体验分享与合作的快乐 3. 知道遇到困难要学会交流、沟通，寻找方法解决问题
科学	1. 对古村建筑感兴趣，能通过各种途径探索古建筑的屋顶、墙、门、窗、梁等的特别之处 2. 探索锁的秘密，通过比较发现古今锁的异同 3. 比较、感知古建筑和现代楼房的异同，感受人们居住环境的变化与发展
艺术	1. 尝试运用绘画、立体制作、材料搭建等表现古村的建筑，感受古村建筑的造型美、图案美 2. 能用图文结合的形式表达对古村建筑结构的探索和了解

问题情境预设

幼儿的问题

1. 除了钱岗古村，哪里还有古村？
2. 每个古村的建筑都一样吗？
3. 为什么古村的房子跟现在的房子不一样？
4. 古村房子墙上为什么画上一些图案？
5. 为什么屋顶的四个角是往上翘起来的？有什么作用？
6. 以前的锁为什么那么大？
7. 古村都有门楼，门楼有什么用？
8. 为什么古村房子里的砖与现在的砖不一样呢？

教师的问题

1. 如何让家长了解开展该主题活动的意义，并多渠道支持主题活动的开展？
2. 在亲子参观从化古村时，如何给予孩子一定的活动任务，让孩子有意识地进行参观？
3. 如何通过太平钱岗广裕祠中的故事引发幼儿从小立志读书报国的愿望？
4. 不同村落的古村，其建筑有何异同？其中的故事是否都有教育价值？
5. 如何在回应幼儿的问题中，学会甄别幼儿所提问题的价值？

活动开展建议

活动一：寻找从化古村

【活动目标】

1. 对从化古村建筑感兴趣，喜欢探究从化各地方的古村。
2. 比较不同地方古村的异同，能大胆表达自己的发现与见解。
3. 大胆表现古村外形的特征。

【活动准备】

经验准备：对古村有初步的了解。

物质准备：从化古村视频、图片，油性笔、画纸。

【活动过程】

一、出示古村图片进行谈话，导入活动

师：你们看过这种房子吗？在哪里看过？（重点帮助幼儿认识与了解古村。）

二、观看视频，了解从化的十大古村

1. 观看视频。

师：从化有哪些古村呢？我们认真看一看，仔细听一听，比比谁的发现多。

2. 分享发现。

师：在视频里，你发现了从化哪个地方有古村？

小结：原来从化有十大古村，分别是太平镇的钱岗古村、温泉镇的宣星村古村、神岗镇的钟楼、大江浦古村、太平镇的木棉古村、鳌头镇水西古村、城郊街殷家庄古村、良口镇的溪头村、良口镇阿婆六村、江浦街凤凰客家古围。

三、观看图片，了解古村的名气

师：在十大古村里，你去过哪个古村？你喜欢哪个古村？为什么？

小结：每一个古村都有它的特色和故事，其中太平镇钱岗古村（广裕祠）最大、最有名气，获得了联合国教科文组织亚太地区遗产保护奖第一名。

四、观察比较各古村的异同

1. 以展览的形式展示各个古村图片，幼儿自由观察发现。

师：从化古村那么多，它们的建筑都是一样的吗？有哪些异同？（引导幼儿认真观察比较。）

2. 分享交流。

师：古村的建筑有哪些异同？谁愿意来分享自己的发现？（引导幼儿仔细观察房子的外形与内部特征。）

小结：很多古村房子的外形都是脊梁呈“山”字形，两边有锅耳墙、青瓦顶，墙体是青砖和泥砖，大门有铜锁，门槛有一木棍拦住，上下厅之间有一个天井。不同的地方是有些古村房子脊梁上有图案和燕尾，如太平钱岗的广裕祠和鳌头镇水西古村，房子的脊梁上就有图案和燕尾。

五、画一画古村

师：我们认识了那么多古村，它们的房子是怎样的？请你画一画古村的房子吧。

自主分享

自主表征

【家庭亲子活动】

共同制订计划表

活动目标	活动准备	活动内容	注意事项
1. 在参观过程中了解从化古村的建筑特色（门、窗、门槛、天花等） 2. 愿意用图画、数字、图表等方式进行记录、表征从化古村的特色 3. 感受从化传统文化特色，产生热爱家乡的情感	1. 从化古村调查表、绘画本、彩色笔、照相机等记录工具 2. 家长与幼儿准备好便于活动的服装、小水壶、帽子或者伞等	1. 在活动前家长提前与幼儿一起通过观看视频、网上查询以及查找地图等方法，收集关于从化古村落的资料 2. 家长与幼儿一起制订参观计划 3. 在参观过程中，引导幼儿运用图画、数字、图表等方式进行记录，或用相机进行拍照与同伴分享	1. 家长有耐心地解答孩子有关古村的疑惑，鼓励孩子积极思考 2. 对于幼儿简单的表征记录，家长要加以详细说明

活动二：探秘古村广裕祠

【活动目标】

1. 感知古村广裕祠的特别之处，萌发作为从化人的自豪感。

2. 能用完整的语言表达、交流自己对古村广裕祠的发现和想法，有保护文物古迹的意识。

3. 乐意与同伴分享交流，有认真、安静倾听别人发言的习惯。

【活动准备】

经验准备：家长利用双休日带幼儿参观广裕祠，并做好参观记录。

物质准备：有关古村的视频、制作的小图书、参观记录表、纸、笔等。

【活动过程】

一、谈话导入，引导幼儿回忆参观古村广裕祠的情景

师：周末爸爸妈妈带我们参观了什么地方？在广裕祠里，你发现了什么？

二、结合小图书，自主分享在古村广裕祠的发现

师：你还发现古村广裕祠什么秘密？请你结合自己的小图书跟同伴分享自己的发现吧！

三、结合相关图片，集中分享并小结

师：古村广裕祠有什么秘密呢？谁愿意来分享？（重点引导幼儿从古村广裕祠的外形与内部特征等来分享。）

小结：古村广裕祠的主座均为木构架，两旁山墙承重、屋面素瓦、悬山屋顶，有三进房，包括前厅、中堂和后堂，脊塑有宝珠、鳌鱼、燕尾；祠堂大门横批有"陆氏广裕宗祠"六个苍劲有力的大字，大门两边刻着一副对联"诗书开越，忠孝传家"；屋内挂着陆秀夫铜像，是一个秀才，是一个读书很用心的人；祠堂有一个宽阔的广场，地面用山石铺平。广裕祠是陆式宗族的祠堂，是广东省有名的历史建筑，是全国重点文物保护单位。

四、拓展谈话：保护广裕祠

师：古村广裕祠有悠久的历史，建筑非常有特色，我们应该怎样保护广裕祠及其他文物

古迹呢？

五、幼儿制作保护广裕祠的宣传画、标语等

活动三：有趣的锁与钥匙

【活动目标】

1. 对探索锁与钥匙感兴趣。

2. 善于观察、比较古今锁的异同，知道一把钥匙开一把锁，并尝试开锁的方法。

3. 知道锁的重要性，能用完整的语言表述自己的发现。

【活动准备】

经验准备：家长帮助幼儿认识不同的锁。

物质准备：各种锁、钥匙，古今锁的图片。

【活动过程】

一、谈话导入，引发兴趣

师：小朋友，还记得在参观古村广裕祠时，我们发现的那把古老的锁吗？今天我们收集了各种各样的锁，让我们一起来找找它们的秘密吧！

二、比较古代锁和现代锁的异同

1. 出示各种锁的图片以及实物，自主观察、比较，寻找古代锁和现代锁的异同。

师：古代的锁与现代生活中的锁有什么不一样呢？我们一起来看一看、比一比吧！

2. 结合图片，集中分享并小结。

师：你发现有哪些锁？古代的锁与现代生活中的锁有什么不一样？

小结：锁的种类有很多，有电子锁、遥控锁……古代的锁是木质锁和铜锁，现代的锁是铁质的，甚至是电子的，与古代的相比更加先进。

各种锁的图片和开锁的方法

三、探索锁和钥匙的秘密

1. 幼儿自由玩一玩古今锁，探索开关锁的方法，发现钥匙和锁的秘密。

师：锁的好朋友是谁？有锁就有钥匙，它们是配对的，缺了谁都用不上，它们之间有什么秘密呢？我们再来探索一下吧！

2. 集中分享。

师：你发现了什么？是怎样开锁的？锁上的洞洞叫什么？（锁眼）

3. 观察钥匙，了解钥匙的结构。

师：钥匙把手的形状以及纹路是怎样的？钥匙怎样用才能打开锁？

小结：不同的锁配对的钥匙是不一样的，一把钥匙开一把锁。

四、进一步讨论“锁的作用”

师：为什么要有锁？锁有什么作用？

活动四：奇特的房顶

【活动目标】

1. 感受古村与众不同的屋顶特色，萌发对家乡的自豪感。
2. 通过分享交流、绘画等方式，进一步了解古村建筑的特别之处。
3. 能用绘画以及图文结合的形式表达对古村建筑结构的探索和了解。

【活动准备】

经验准备：对古村的建筑特色有一定的了解。

物质准备：收集奇特的屋顶图片，布置成“从化古村展览会”。

【活动过程】

一、回忆古村的建筑特点，导入活动

师：你看到古村里有什么？什么建筑最特别？它是怎样的？

二、探索古村房子的建筑特色之一——屋顶的特色

师：每个古村都有特别之处，特别是屋顶，古村的屋顶是怎样的呢？

1. 引导幼儿观察、比较，找出古村屋顶每一处与众不同的建筑特色。

线描画

2. 集中分享、小结：屋顶是悬山形，屋檐末端有燕尾，墙壁上端有凸出的锅耳形墙，脊梁处有宝珠、鳌鱼、飞鸟、龙凤图案。

三、分组绘画

师：古村真奇特，请你选用自己喜欢的画画工具将它们的特别之处画下来吧！

A组，蜡笔画；B组，国画；C组，线描画；D组，水彩画。

指导重点：屋顶的图案、形状、颜色可以怎么表现？

四、作品展示与分享

师：小朋友画的古村真漂亮，谁来介绍自己的作品？说说你的古村有什么特色或特别的地方？

活动五：结实耐用的青砖

【活动目标】

1. 对探索各种砖感兴趣，增进对从化古村的了解。
2. 通过比较、分析、分享交流等活动，探究青砖的特性，了解现代建筑砖的使用。
3. 能细致观察和比较，善于运用完整的语言表述自己的发现。

【活动准备】

经验准备：网上查找各种各类的砖及不同种类砖的由来。

物质准备：青砖、红砖、水泥砖、空心砖，锤子、笔和亲子制作的记录表。

【活动过程】

一、导入活动

师：在参观古村时，我们发现古村房子的墙是用什么建造的？那是什么砖？

二、通过图片以及实物，探索各种各样的砖

师：今天，我们收集了各种各样砖的图片以及实物，请你认真观察，摸一摸、敲一敲，看看有什么发现？然后将发现记录在记录表上。

三、结合记录表，分享发现

师：你发现了什么？它们是怎样的？有相同或不同的地方吗？

小结：砖都是硬的，摸上去很粗糙，它们的形状都是长方形的，不同的砖颜色有所不同。

做记录表

四、进一步探索青砖

1. 为什么古人都是用青砖做房子的？（幼儿结合自己收集的资料说出见解。）

小结：因为那个时候的帝王们崇尚黑色，青色在古代，又被认为是黑色的一种。而且那时的中国人喜欢青砖的素雅，使得青砖成为了建筑所使用的主要材料。也正是因为这些古建筑使用了青砖，而青砖的特点是结实耐用，所以才使得以前建造的房子能够保存到现在。

2. 青砖那么结实耐用，为什么现在不用青砖建房子呢？（幼儿分享自己的见解。）

小结：制造青砖的材料是耕地用土，我国的耕地面积大幅度减少，如果再使用这些耕地用土来烧制青砖，一定会对耕地造成影响，因此国家禁止了烧制青砖。

后来，烧制红砖也因为导致农田里的黏土被破坏，现在也被限用了。现在，我们的建筑多数使用空心砖和灰砖。

活动六：古今房子大比拼

【活动目标】

1. 在比较、感知古村建筑和现代楼房的过程中，了解建筑技术的飞速发展，萌发对科技的好奇与兴趣。

2. 积极探索古代房子与现代楼房的不同，感受人们居住环境的发展与变化。

3. 对古人在建筑方面的智慧感到敬佩，加深对传统古建筑文化的热爱之情。

【活动准备】

经验准备：已对从化古村的房子有一定的了解。

物质准备：图片《古今房子》《越来越好的房子》，亲子制作的“古今房子对比”表格。

【活动过程】

一、谈话导入活动

师：古村的房子非常有特色，跟现代的楼房有什么共同特点以及不同的地方呢？

二、观察、比较古村房子和现代楼房的异同

1. 通过图片，自主探索。

师：请你认真观察古村房子和现代楼房，找找它们的异同，将自己的发现记录下来。

2. 分享交流。

师：这些房子都有什么共同特点？（有屋顶、墙壁、窗户、门）它们又有什么不同？

重点引导幼儿从外形、基本结构、建筑材料、造型、色彩等方面进行观察、表达。

三、讨论古今房子的建筑方法以及各自的优势

1. 了解古今房子的建筑方法。

师：在古代，人们是怎样建房子的？现在我们建筑工人又是怎样建楼房的？

重点引导幼儿讨论、对比，感知科技的进步和科技资源的环保节约等优势。

2. 讨论古今房子各自的优势。

师：古代房子和现代楼房，它们有什么特别棒的地方？

设计楼房

小结：不同时代，有不同的建筑方法和建筑材料，人们的居住环境也不一样，人类总是在不断发展进步的。

四、拓展讨论：未来的房子

师：人类越来越聪明，技术越来越先进，每个人的需求都不一样，如果你是建筑师，你想要设计怎样的房子？

五、幼儿自主绘画：我设计的房子

重点引导幼儿结合房子的用途、功能等方面发挥想象力，设计与众不同的楼房。

【家庭亲子活动】

共同制订计划表

活动目标	活动准备	活动内容	注意事项
1. 对从化古村文化遗产有一定的了解 2. 自制宣传单，并向社区市民派发、宣讲，激发保护古迹的责任意识 3. 主动与他人交流，提高社会交往能力	1. 自制保护古村的宣传册子、资料 2. 家长与幼儿提前商量好宣传的位置	1. 家长与幼儿一起收集有关从化古村的资料，并制作关于从化古村的宣传手册 2. 自制保护古村的宣传卡 3. 进入社区向市民宣讲古村，让广大市民了解从化的古村 4. 派发保护从化古村的宣传卡，激发保护古村遗址的责任意识	1. 注意外出宣传的安全 2. 在宣传活动中给予幼儿适当的鼓励、肯定

【区域活动】

区域活动创设参考表

区域名称	内容	材料投放	操作建议	指导建议
语言区	古村的秘密	有关古村的图书，宣传手册等	自主阅读图书，大胆表述自己的发现	引导幼儿细致观察图片，用完整的语言表述对古村的认知
美工区	创作古村房子	干树枝、小石头、纸盒、纸皮、纸杯、泥等	自主选择各种废旧材料创作有关古村房子的立体作品	鼓励幼儿运用多种废旧材料进行创作，作品完成后自主呈现在建构区里，共同搭建有特色的古村
	画古村	古村的相片、蜡笔、水彩笔、油性笔、颜料、画笔、画纸	幼儿临摹古村或自由组合画出心中的“古村”	引导幼儿先观察古村的特征，然后大胆想象，运用不同的方式方法进行创造性表现
科学区	钥匙和锁	古代和现代的钥匙及锁	锁与钥匙的配对游戏	引导幼儿细致观察锁与钥匙的奥秘，并记录自己的探索发现，寻找开锁的方法
建构区	心中的古村落	砖块、瓦片、纸盒、纸皮、纸杯、立体古村房子等	大胆选择各种材料探索搭建从化古村、古村牌坊等	引导幼儿在了解古村特点的基础上，学会与同伴友好协商、分工合作，通过对称、垒高、围合等方法搭建古村落
表演区	模仿秀	《美丽从化》《古村韵》的音乐	幼儿随音乐的风格与节奏走秀	引导幼儿在表演时注意眼神、表情的交流，学会与同伴合作表演

活动记录与支持

以下是教师在开展主题活动中，支持幼儿主动学习的其中一个故事记录。

探索锁与钥匙

在绘画“印象古村”时，皓文问了我一个问题：“钟老师，我发现了古村里的锁好旧啊！跟我家里的锁是不同的。”“那你喜欢古村的，还是家里的？”我说。“喜欢家里的，家里的锁好漂亮。”在分享活动时，我把他发现的问题跟大家分享，原来孩子们在参观的时候也有发现。李诺说：“古村里的锁把手、横塞是木做的，一摇把手，横塞会左右摆动，很好玩。”梓潼也发现了：“古村的锁是铁做的，但是好多都是生锈的。”

比较锁和钥匙

原来古村里的锁与钥匙引起了孩子们的注意：

"古锁跟现在的锁一样吗？有什么区别呢？"孩子们纷纷说着自己的见解。于是，孩子们分工合作，与家人一起收集有关古锁与钥匙的图片资料，并将家里各种各样的锁和钥匙带回了班里，进行探索。

活动中，紫瑶用手指在钥匙上压了一下，手指马上出现了一些痕迹。玩了一会儿，她发现痕迹慢慢消失了，于是找来了橡皮泥，将钥匙印在橡皮泥上，果然发现橡皮泥上出现了整条钥匙的痕迹："哇，好神奇！"旁边的孩子被紫瑶的惊讶声吸引了，看见这么好玩，也找来橡皮泥学着玩，玩了很久还兴致不减。

而紫瑜、皓文、尚垅正在尝试用钥匙把锁打开，皓文试了两条钥匙都没有把锁打开，咬着牙、憋着气，硬是将钥匙塞进锁里面，却怎么使劲都塞不进去，满脸的无耐。"好孩子，想想为什么开不了呢？开锁除了靠力气还靠什么呢？"听了我暗示，他好像受到了启发，先观察钥匙的大小，再观察锁孔的大小，然后试了两把钥匙，终于把锁打开了，他开心地拍起了手掌。"对于古代的锁和现在的锁，还有什么秘密呢？"尚垅得意地说："现在的锁有防盗的功能，小偷很难把门打开的。"皓文说："现在的锁比以前的复杂。""现在的锁品种有很多，有电子锁、防盗锁、智能锁，锁的形状、颜色也有很多呢。"尚垅一本正经地说着。就这样，孩子们都七嘴八舌地说着自己的见解。在分享交流的过程中，孩子们知道了现代的锁是经过了许多年的改造，结构更复杂了，外观也更丰富多样了。同时，他们还发现钥匙的齿纹更细致而多变。

表征图

【教师反思】

孩子们在参观古村时，对于古代的锁和钥匙产生了好奇，因此我们开展了探索锁和钥匙的活动。在活动中，他们认真细致地探索、寻找锁和钥匙的秘密，如印制钥匙、给锁配对钥匙、尝试开锁的方法、观察古今锁的图片、实物探索等，并在同伴面前大胆表述自己的发现，进一步感知了古代锁与现代锁的区别，感知了现代锁与钥匙的多样变化、形状各异。探索欲望非常强，他们的那份认真、专注之心以及乐于分享的学习品质值得称赞！

第四章　获之思

第一节　研究中的收获

“活教育”中的乡土资源教育，立足本园自然与社会文化背景的实际情况，以课题研究的开展为突破口，以促进幼儿的发展为目的，由教育专家、本园教师、幼儿以及家长合作进行，解决的是本园教育教学中存在的实际问题，体现本园的教育特色。乡土资源教育的相关实践研究，从某个学科开始，到某个领域，再到主题活动课程的实施，从形式单一到各学科各领域的整合渗透，都体现了园本课程开展的不断完善、资源的有效整合。在研究的过程中，我们坚持着、开拓着、创新着、奋斗着，有收获、有经验、有反思，也有调整。

幸好，华南师范大学教科院郑福明副院长、张博、李群等教授，以及广东省教研院刘景容老师与教师互动时提出：要开发与运用乡土资源，首先要对其本身进行深入发掘与了解。因此，教师们便通过查阅资料、实地考察深入挖掘乡土资源，并界定其概念内涵，把其分为自然资源和社会资源。与此同时，幼儿学习的主体地位不可忽视。北京师范大学珠海分校学前教育系张金梅教授来园指导时与教师聊道：“幼儿对哪些资源、材料更感兴趣？哪些资源、材料所蕴含的教育价值更切合幼儿年龄特点的需要？怎样的课程内容、教学方法更能促进幼儿身心全面发展？前行路上虽众多的疑问，却阻碍不了教师团队前行的步伐。”通过不断实践、反思、调整，教师最终确立了从幼儿的经验价值需要出发，以主题活动教学为主，抓住乡土资源的核心经验，融合五大领域渗透在一日生活各活动中的主题活动课程。而在此过程中，教师注重幼儿的亲身参与、行动与实践，注重幼儿与周围环境、教师、同伴及家人的互动，注重其学习过程。

我们一直致力于探索一套立足幼儿视野，基于本园实际情况，形成了园所特色的园本课程。乡土资源教育的园本课程彰显系统性，既有理论依据，又结合实际情况；既有目标导向，又给予师幼生成空间；既有实施路径，又有实施手段；既有课程管理，又有课程评价等。其实用性、操作性强，适合幼儿园教师借鉴使用。

一、乡土资源教育转变了管理者的角色

陈鹤琴提出“活教育”的教学原则中，指出了儿童主体、活教材原则及教学相长的民主性原则等，并提出应关注儿童的主体地位。园本课程是为幼儿发展而存在的，因而内容必须贴近幼儿的实际。从化二幼的课程管理采用自下而上的方式，支持儿童，信任老师，善用家园、社区资源的合力，采用多元化的自主管理方式。乡土资源教育园本课程实施中，管理者以倾听者、支持者、服务者和指导者的角色积极与教师互动，加强教育教学管理，优化乡土资源教育管理，更新教育管理观念，提升教师专业素质，进而提高乡土资源课程实施的质量。

一是以幼儿为本位，鼓励教师自主捕捉幼儿的兴趣需要而生成主题活动。如随着一年四季植物的生长变化，师幼就生成主题活动“家乡的蔬菜”；幼儿踏春时见到各种各样的石头带回幼儿园分享，又生成主题活动“从化黄蜡石”；六月的从化荔枝漫山遍野，幼儿谈起荔枝的话题又生成了主题活动“荔枝节”；等等。这些主题活动都不是教师主观建构的，而是基于幼儿当下的生活经验而生成的。正如著名教育家陶行知提出：“课程应该长在孩子的手指上，而不是长在成人的手指上。”二是创设适宜的活动环境，保障幼儿活动的进行。三是尊重教师，把课程自主权放给教师。教师结合本班幼儿的兴趣和发展水平、环境材料，自主设置周、月计划表适宜地给予其引领和指导，最终目的是促进孩子们的健康成长。四是善用家长、社区的人力资源与物力资源展开家长助教及志愿者活动，收集材料及地方志，充实资源库，为课程实施做好坚强后盾。五是教学管理者适宜介入，了解一线教师的需求、困惑给予支持，如管理者参与活动实施过程和共同研讨。六是组织教师开展教学沙龙活动，以“头脑风暴”的方式寻找解决问题的方法。七是活动课程领导小组定期召开案例和学习故事分享交流会，在交流分享中点评教师实施活动的情况，不断推动课程的实施，形成乐学乐教的良好循环态势，有利于教师自主积极地开展活动课程，助力幼儿个性健康发展。八是建立活动课程的评价机制。首先，课程主题活动目标评价是以《指南》中各领域目标为指标导向，分析主题活动的开展是否有价值和意义；其次，以学习故事的方式记录幼儿的活动状况，对照《指南》各个领域的目标要求诊断幼儿的发展水平；再次，通过问题式评价，检查教育活动是否有效；最后，采用幼儿对乡土资源的喜欢程度设置评价表，分析乡土资源在幼儿视角里的喜好度。根据以上四种情况不断生成、修改课程内容及在课程实施中的指导，促进幼儿多元发展。

二、乡土资源教育促进了教师专业成长

陈鹤琴“活教育”思想强化了现代儿童观，他强调教育要以儿童为出发点，把儿童作为教育目的，促进儿童个性的自由发展。陈鹤琴在《发展幼儿教育的几点建议》中指出：“对儿童的培养与成人不同，不能给他们成人化的东西，要适应他们的生理和心理特点，要做到儿童化，儿童化很重要的一点就是要合乎儿童的特点。”陈鹤琴先生指出，教师不仅是儿童学习的组织者、引导者，更是他们探索活动的参与者和合作者。在敬业、乐业、专业与创业四业目标体系下，“活教育”提出做人民的幼儿园教师的各项要求。陈鹤琴明确提出过幼儿教师要一专多能，并要有创造性。他要求教师们不断实践创新与更新教育观念，才能有效激发、培养

幼儿的创新能力。因此，在陈鹤琴"活教育"思想指引下，我们在课程实施过程中一直努力秉承科学的儿童观、课程观、教育观和评价观，同时也促进了教师专业素养的发展。

1. 树立了科学的儿童观

我们巩固认识儿童是一个自然人，应该得到和人一样的待遇，遵循他们成长的规律，给予他们希望得到的快乐。同时认识儿童是发展中的人，是有自己不同发展速度和水平的。幼儿的世界是幼儿自己去探讨、去发现的，大自然、大社会是孩子们最真实的、最丰富的、最具吸引力的游戏场所。"荔枝成熟了，我好想尝一尝喔！""你看！这树叶长长的，像小船。""我去了石门森林公园，我看到了像小鸟一样的禾雀花，还有像金鱼尾巴的枫叶。""我回老家，奶奶煮了好吃的吕田大肉。"关于身边各种好吃好玩的事物，幼儿的话题总是络绎不绝，基于不同的孩子兴趣及发现问题角度不一样而进行教育活动。

2. 建立了科学的课程观

课程实施集结了教师、园长、专家、儿童、家长以及社区人士的智慧，展示了大教育观。专家的引领决定园本课程的高度；师幼、家长等参与预设生成活动则课程决定了课程的有效性；园长、管理人员的参与程度则影响课程质量。我们把课程自主权放给教师，且相信儿童的力量，适宜地给予其引领和指导，最终目的是促进孩子们的健康成长。"活教育"中的乡土资源教育课程以幼儿为本，遵循幼儿身心发展规律与特点，结合乡土资源的开发与利用，让幼儿在玩中学、学中乐、乐中发展，课程的实施带动着教师理念的转变。

我们认识到大自然、大社会都蕴藏着丰富的教育资源，它向幼儿展现着具体、形象、生动的知识经验。因此，我们着重在某些领域或主题活动中渗透乡土资源的利用，如"节日课程"以及"美术领域"中的乡土资源的实践。但随着课程的开展，我们发现这些显然是不够全面和深入的，同时思考着除了这两方面的渗透，我们还可以把乡土资源运用在哪个学科、哪个领域上呢？如何才能使得乡土资源得到充分的利用呢？如何使其在幼儿园课程中的开发与运用更为具体、高效呢？我们将继续思考、继续摸索。

3. 确立了科学的教育观

在陈鹤琴活教育思想方法论"做中教、做中学、做中求发展"指引下，我们重塑教育新理念，以游戏为基本活动，在快乐和爱的氛围中，在信任、理解、包容、鼓励中，充分调动幼儿的多种感官，促进幼儿的全面发展。我们的教育实施途径从幼儿的生活经验开始，把活动实施的途径贯穿于一日生活，从室内到室外、从园内到园外，拓展幼儿活动空间和时间。如参观种植、学习制作腊味、腌制干果、烹调、储存食物等等。有的谈话活动也在户外进行，让幼儿置于情境中、真实的生活中，因为这些都是生活中的实践体验。在环境教育上，注重场景化，注重材料的层次性和丰富性，低结构与高结构相结合。

4. 形成了科学的评价观

评价，即对幼儿园课程的计划、活动进程以及发展目标等有关问题的量或度的记录的基础上作出价值判断过程。我们通过对课程的诊断评价，了解课程的适宜性、有效性，了解课程预设目标的达成程度，判断课程的成效是否指向幼儿的发展。为下一步调整和完善课程，乃至推广课程提供科学的依据，从而提高课程活动的质量，促进幼儿全面发展。具体的方式有调查问卷、调查表等，详见下面的"关于从化乡土资源开发与运用情况的调查问卷""幼儿对乡土资源材料兴趣情况调查表""广州市从化区第二幼儿园乡土资源主题活动评价表"。

关于从化乡土资源开发与运用情况的调查问卷

幼儿姓名________ 家长姓名________ 日期________ 班级________

亲爱的家长：

您好！

我们的家乡从化拥有丰富的自然资源和社会资源，运用乡土资源进行幼儿园与家庭教育，开展课程活动，如主题活动“我喜欢的节日”“爱我古村”“好吃的美食”等，有利于传承、发扬家乡优质的本土文化及高尚的民族精神，有利于幼儿对本土文化的尊重与认同。幼儿园课程的开发有赖于您的支持和配合，请您和我们共同收集更多适宜的教育资源，认真填写以下问题，感谢您的热情参与！

1. 您知道从化有哪些传说或者典故吗？

____

2. 您知道从化有什么本土特色习俗吗？

例如：端午节烧艾香，还有________________________________

3. 您知道从化有哪些民间歌谣吗？

____

4. 您知道从化有哪些传统民间游戏吗？

例如：抓石子、挑棍子，还有________________________________

5. 您认为从化有哪些自然资源？

例如：木、土、沙、石，还有________________________________

6. 您知道从化有哪些名胜古迹吗？

例如：太平广裕祠，还有________________________________

7. 您知道从化有哪些著名的公园吗？

例如：北回归线公园，还有________________________________

8. 您知道从化有哪些本土的特色农优产品吗？

例如：荔枝、龙眼，还有________________________________

9. 您知道从化有什么地道美食吗？

例如：豆腐、腊味，还有________________________________

幼儿对乡土资源材料兴趣情况调查表

主题活动 / 兴趣度	非常感兴趣	比率(%)	感兴趣	比率(%)	兴趣一般	比率(%)	不感兴趣	比率(%)
 主题活动：春天的蔬菜	13人	87%	2人	13%	0人	0%	0人	0%

（续表）

主题活动 兴趣度	非常感兴趣	比率（%）	感兴趣	比率（%）	兴趣一般	比率（%）	不感兴趣	比率（%）
 主题活动：夏天水果红彤彤	12 人	80%	2 人	13%	1 人	7%	0 人	0%
 主题活动：蔬菜总动员	12 人	80%	3 人	20%	0 人	0%	0 人	0%

调查情况小结：

本次调查中，抽取了班上 15 个小朋友进行活动喜好度调查。主题活动“春天的蔬菜”非常感兴趣占 87%，感兴趣占 13%，兴趣一般为 0，不感兴趣为 0；主题活动“夏天水果红彤彤”非常感兴趣占 80%，感兴趣占 13%，兴趣一般占 7%，不感兴趣为 0；主题活动“蔬菜总动员”非常感兴趣占 80%，感兴趣占 20%，兴趣一般为 0，不感兴趣为 0。在本次调查中，我们发现，孩子们对于乡土资源中的蔬菜探索兴趣盎然；对本土荔枝、杨梅的探索也有很浓厚的兴趣。

一年四季，我们幼儿园都拥有着丰富的蔬菜和果树资源——爱心园、中院、后院，我们班也有自己种植与管理的菜地。这些为孩子亲身参与种植蔬菜、观察蔬菜、采摘蔬菜、烹调蔬菜以及观察乡土水果等提供了广泛的空间。还有班上家长们的大力支持与配合，为主题活动的生成提供了良好的条件。

在活动过程中，幼儿始终处于宽松、愉快的环境之中，他们兴趣高涨，积极主动地学习，真正体现了幼儿的主体性。活动符合小班幼儿的年龄特点，幼儿的主动性、积极性得到了充分体现。

广州市从化区第二幼儿园乡土资源主题活动评价表

活动前期	活动过程	呈现交流	活动结束	评价结果
1. 活动前是否对该主题活动进行了背景分析？ 2. 对该主题活动是否注重了核心价值的挖掘与分析，并考虑了幼儿的需要、社会的需要和领域的要求？ 3. 活动总目标和三项目标（知识、	1. 是否思考了适宜的主题活动内容导入途径？ 2. 活动线索是否围绕了核心价值及目标层层展开？ 3. 活动内容是否与现有教材进行了融合，并关注领域的平衡？ 4. 活动结构是否开放、提供了可生成的空间、方向？ 5. 主题活动中是否创设相关的场景和材料，并真正发挥环境的教育价值？	1. 幼儿能大胆、自信、积极地展示自我，并用语言记录、表格记录、动作及作品表达对节日的了解 2. 在分享交流中，教师鼓励幼儿发现生活周围的问题，对新问题进行思考讨论，激发幼儿再次探索的欲望和新的想法 3. 通过分享交流，教师帮	1. 是否有给孩子、家长、老师留下深刻印象的事件？ 2. 是否有成功的积极体验和建设性的建议？（幼儿、教师、家长）	

（续表）

活动前期	活动过程	呈现交流	活动结束	评价结果
能力、情感）的确定是否基于对以上需求的分析？ 4. 教师在活动构思中是否收集了丰富的资料？资料的来源是否吸纳了教师、家长、幼儿、专业人士的意见？	6. 该主题活动是否逐步成为幼儿自己的游戏活动、强调体验与生活，并对幼儿的参与给予积极反馈？ 7. 幼儿是否逐步建构起关键经验，并有所发展？ 8. 是否激发了家长（社区）对活动的关注与理解，并适时参与？是否对家长的参与给予积极反馈？ 9. 活动后期是否和孩子有共同的回忆与整理？	助幼儿明确主题活动目标 4. 呈现交流中，教师引导幼儿将活动的知识经验迁移到新的探索活动中，提高迁移应用的能力	3. 是否有可拓展的空间？	

5. 促进了教师专业素养的发展

一是教师尊重幼儿的观念得到提升。课程实施以来，教师逐渐开始基于幼儿的生活不断发现有价值和幼儿感兴趣的人、事、物，生成每周、每日的课程内容。在每个活动内容实施过程中，学会树立动态的课程质量观和因人而异的发展观。户外混龄自主活动实施方式从原来以班为单位开展，逐步扩展到年级，最后是全园混龄自主活动，保障了连续 1 小时以上的自主游戏；教师的观察方法多样化，能基于幼儿活动状况、材料的使用、内容的推进等去观察，并调整材料与内容，以促进幼儿发展；善用学习故事、案例记录等形式有针对性地记录本班幼儿的活动发展状况；基于每周幼儿活动情况，设计有价值的周计划安排表，教师活动设计的整合性大大增强。例如，欧阳宝仪、骆晓青、陆文欣老师记录的学习故事《我爱生活园》、《野战园真好玩》等在全国第三届幼教年会中展示并获得现场专家们的赞赏；钟爱玲老师的学习故事《三人行的精彩》在从化区示范园开放日向幼教同行展示分享，亦获好评。

二是教师分析总结能力不断提升。在注重实践研究的同时，更注重及时将研究中所获得的经验进行梳理、总结，撰写论文和案例。李桂芳园长撰写的论文《利用本土特色资源，创设互动式的幼儿园环境——以从化区为例》在《教育导刊》发表、《基于本土资源开展幼儿园户外混龄自主活动的实践——以广州市从化区第二幼儿园为例》在《华夏教师》发表、《谈幼儿户外混龄自主游戏中有效学习的探索与实践》在《名师在线》发表，叶惠萍副园长撰写的《扎根园本真教研，促进教师专业化》在《生活教育》发表，欧阳宝仪老师撰写的《“活教育”引领下的“活游戏”实践探究》在《从化教研》发表，陈彩连老师撰写的《自主参与，玩出精彩——大班幼儿户外自选器械活动案例分析》在《从化教研》发表。

三是教师逐渐注重以研促教。结合工作实践，开展课题研究的教师越来越多。从原来只是保教主任、教研主任申报课题，到现在一线教师也有自己的课题。如欧阳宝仪老师主持的“开展乡情教育培养幼儿社会情感的研究”、戚素贞老师主持的“开展中班本土资源主题活动的实施研究”、卢汝芳老师主持的“利用乡土资源开展体验式科学活动场景创设的实践研究”。其中，欧阳宝仪老师主持的课题在从化区级教师小课题中获结题评审优秀奖。

三、乡土资源教育发展了幼儿的综合素质

陈鹤琴先生在《幼儿教育的新动向》一文中就“体、智、德、美”等方面提出了任务：“保证

幼儿的健康和身心的正常发育，发展幼儿的智力和创作力，培养幼儿初步的国民道德和国际主义精神以及其他优良品德，培养幼儿的爱美观念，增进幼儿愉快的精神。”在乡土资源课程的实施中，组织幼儿去社区参观，幼儿走田埂、踏水坑、爬山坡、抓小鱼、拾稻穗、捡落叶、玩石头、泡温泉……这样的活动促进了孩子们综合素质的提高，具体体现在以下四个方面。

一是培养幼儿对乡土资源的认同感。利用周围的自然资源，使幼儿接触更多的事物。丰富的自然资源为幼儿接触大自然创造了条件，让他们有时间、空间能够欣赏大自然的和谐美。同时对家乡的各种乡土资源更是越来越喜欢和认同。例如：结合“家乡的荔枝”的主题，幼儿通过品尝对比发现从化本地的荔枝有桂味、糯米糍、黑叶、状元红、井岗红等，了解不但品种多样，而且有肉甜、鲜嫩多汁、核小等诸多优点。于是，幼儿尝试保鲜荔枝、榨汁、晒荔枝干、做荔枝蜜等。通过这个主题活动探究，不但让幼儿体验了实践的快乐，更让幼儿对本土资源更加了解与感到自豪。

二是锻造幼儿强健的体魄。陈鹤琴先生认为“做现代中国人”必须具备“健全的身体”。一个人身体的好坏，对于他的道德、学问以及从事的事业都有很大的影响。因此，幼儿拥有强健的体魄是首要的前提。在社区活动中，幼儿不仅收获了游戏的快乐，还学会了如何保护自身的安全，以确保拥有健全的身体；在一系列的体育游戏活动中，幼儿利用幼儿园的果树、沙池、小溪、草地、小山坡等场地，加入了木板、木梯、石头、麻绳等乡土资源，并通过走、跑、跳、钻、爬、投掷、平衡等方面的体育锻炼提升了体能与耐力，增强了体质；在一次次不断尝试当中，幼儿磨炼出了个人的耐力，锻炼了意志，逐渐养成坚持不懈、持之以恒的精神品质。

三是培养幼儿良好的品德。“活教育”深一层的目的在于“做中国人，做现代中国人”。在课程实施过程中，幼儿通过各种操作体验活动，潜移默化地懂得爱护自己的国家，发扬祖国的文化，传承祖国的优良传统，这是教育者的责任与义务，同时也符合现代中国人的发展要求。例如，在活动中幼儿习得服务意识，知道从小要为人民服务，为祖国服务，我们都是国家的子民，祖国哺育我们成长，让我们懂得了许多知识，也让我们感受到人世间的美好，我们要以实际行动来回报祖国。乡土资源教育引导着幼儿从小乐于为社会服务、为人民服务，并培养着幼儿良好的品德及行为习惯。

四是促进幼儿多元发展。在活动中，幼儿积极地自主探究、主动发现、大胆质疑、交流分享，成为了善思考、会探究的学习者，也在多个方面获得了发展。如他们在生活园中每次削完番薯皮、碎菜叶等，都会说：“不要倒掉！用来做肥料就不浪费了……”有的孩子拿着番薯叶舞起来，有的孩子用菜叶拼搭美术作品，有的孩子滔滔不绝地说起“厨余垃圾的秘密”，等等。幼儿的探究兴趣、学习欲望得到发展，促进了其语言表达能力发展，提高了关注身边事物的能力、音乐表现力、美术创造力以及逻辑思维能力等。一些家长说：“孩子在家喜欢做简单的糕点或家务，真的变化很大，认真做事，节约不浪费……”可见，幼儿的学习态度、应变能力、协作能力、自主能力、环境意识能力等都获得了发展，这也为其终身发展奠定了基础。

四、 乡土资源教育充实了课程资源

陈鹤琴先生提出了“大自然、大社会都是活教材”的课程论，即对教材的理解应该是广义的：第一，凡是儿童能够学的东西就有可能作为幼儿园的教材；第二，凡教材需以儿童的经验为依据；第三，凡能使儿童适应社会的资源就可取为教材。他主张让孩子从书本、从室内呆板的活动扩展到大自然、大社会中认识活的、真的事物。《指南》中指出，幼儿园要“充分利用社会资源，引导幼儿实际感受祖国文化的丰富与优秀，感受家乡的变化和发展，激发幼儿爱家乡的情感”。《纲要》中指出，“幼儿园应为幼儿提供健康、丰富的生活和活动环境，满足他们多方面发展的需要，使他们在快乐的童年生活中获得有益于身心发展的经验”。

乡土资源作为贴近幼儿生活、符合幼儿学习经验以及适应社会生活的学习素材，让幼儿在与大自然、大社会的接触下，既感受大自然的神奇，激发探究事物的好奇心，增强科学意识以及提高美学素养，又提高对乡土文化的认同和热情，促进其社会化发展。

因此，在国家课程、地方课程及我园原有节日课程资源库和学科领域资源库的基础上，继续深入开发与运用乡土资源，把乡土文化资源整理归类为自然资源和社会资源。自然资源包括农作物及自然素材；社会资源包括公园、风景名胜和民间文化等。并根据这五大类，按活动主题整理资源。例如：以可选用的地域资源和参观实践基地、自制材料或幼儿园环境、可选用的书籍或音像资料等按类别归档，充实园本课程资源库，便于师幼在生成不同的主题活动时取材，利于教师落实课程和积累经验。

第二节 后续思考与展望

课程实施过程中，会出现开发运用资源方面发生偏离，或是出现“为了落实乡土资源内容而落实”的现象；也会出现有的乡土资源用得多，有的乡土资源用得少等问题。因此，乡土资源教育主题活动在一日生活实施当中，管理者和教师还存在着许多疑惑，如乡土资源与非乡土资源的关系如何？要关注乡土资源与非乡土资源活动内容的交集吗？于是，我们再次深入思考：幼儿园在开发运用乡土资源教育内容时，既要考虑乡土性、重视教育在传承文化中的作用，又要考虑时代发展对儿童的要求，使教育内容成为具有时代气息又具有传统民族文化的幼儿园课程。

后续我们会从两个方面努力。一是要更进一步重视深化研究、加大课程宣传推广应用，继续基于幼儿的视角，深入系统地进行乡土资源开发与运用的探讨。二是坚持深入践行《指南》精神，聚焦幼儿发展的核心素养、支持幼儿的深度学习，关注幼儿游戏中发生的学习；不断更新教师教育观念，提升教师为幼儿创设适宜的环境、空间以及提供适宜材料的能力。

回归乡土，基于童心。“活教育”中的乡土资源教育园本课程的构建，承载着我们的梦想，更承载着我们对教育事业以及对幼儿无私奉献的爱。一路艰辛的探索，我们风雨不改，继续前行，也敬请专家领导们和同行们批评指正！